Edson Oliveira dos Santos

I0412525

Se

Teorias de infinitas possibilidades

Copyright © 2015 By Edson Oliveira dos Santos

Todos os direitos reservados. É proibida a reprodução total ou parcial desta obra de qualquer forma ou por qualquer meio. A violação dos direitos de autor (Lei nº 9.610/98) é crime estabelecido pelo artigo 184 do Código Penal Brasileiro.

Publicações do autor (livros e contos)
Ordem alfabética

1. A face oculta do casamento
2. A festa no mar do Rio Vermelho (conto)
3. Contabilidade Digital
4. Dálias (conto)
5. Loterias do Brasil
6. O homem que queria conversar com Deus (conto)
7. O planeta Zen (conto)
8. O quartel de Amaralina (conto)
9. Se Teorias de infinitas possibilidades
10. S.O.S. Trânsito guia de sobrevivência
11. Tudo que fiz foi por amor (conto)

Sumário

APRESENTAÇÃO..12

ATITUDES..17

INCONSCIENTE COLETIVO 20

SE 23

TEORIAS DE INFINITAS POSSIBILIDADES 28

    Teoria da abnegação 31

    Teoria da adoração...32

    Teoria da adversidade 32

    Teoria da alegria...33

    Teoria da alma 33

    Teoria do amor..34

    Teoria da atração 35

    Teoria da beleza 36

    Teoria da bondade 37

    Teoria de causa e efeito 37

    Teoria da compaixão 38

    Teoria da complexidade 38

    Teoria do conhecimento...39

    Teoria da conspiração 40

    Teoria da cumplicidade 41

    Teoria da decadência 41

    Teoria da decisão 42

    Teoria da divisão 42

    Teoria da dor...43

    Teoria da escolha 44

Teoria da escuridão...47

Teoria da essência..48

Teoria da eternidade...49

Teoria da evidência...49

Teoria da evolução..50

Teoria da existência..51

Teoria da facilidade..52

Teoria da fé..52

Teoria da felicidade...54

Teoria do fim..55

Teoria da fraternidade...56

Teoria da frequência..56

Teoria da fuga..57

Teoria da grandeza...58

Teoria da gratidão..58

Teoria da habilidade...59

Teoria da honestidade..59

Teoria da humildade...60

Teoria da ignorância...61

Teoria da imagem...61

Teoria da importância...61

Teoria da impossibilidade...62

Teoria da imprevisibilidade...63

Teoria da impureza...63

Teoria da imutabilidade..64

Teoria da incapacidade...65

Teoria da incerteza...66

Teoria da ineficácia..66

Teoria da informação..67

Teoria da inteligência 67

Teoria da intenção..67

Teoria da intensidade..68

Teoria da invenção 68

Teoria do julgamento 69

Teoria do justo 69

Teoria da leveza 69

Teoria da liberdade 70

Teoria da luz..70

Teoria da maldade 71

Teoria da memorização 71

Teoria do mistério...72

Teoria do movimento..72

Teoria da mudança...73

Teoria da necessidade 73

Teoria da negação 74

Teoria da obediência..74

Teoria da ocultação...74

Teoria da oportunidade...75

Teoria da opulência...75

Teoria da ordem..76

Teoria da ostentação..76

Teoria da paz...77

Teoria do perdão...77

Teoria da perpetuação 77

Teoria da pobreza 78

Teoria da possibilidade...78

Teoria da posteridade 79

Teoria da predominância..80

Teoria da probabilidade 81

Teoria da proporcionalidade 81

Teoria da prosperidade 82

Teoria da pureza 82

Teoria da qualidade 83

Teoria do quando vai acontecer 83

Teoria da quantidade 84

Teoria da quietude 84

Teoria da relatividade 85

Teoria da renascença 85

Teoria da renúncia 86

Teoria da resistência 86

Teoria da ressonância 87

Teoria da reverência 88

Teoria da riqueza 89

Teoria da rotatividade 89

Teoria da salvação 90

Teoria da saudade 90

Teoria do ser 91

Teoria da simbiose 91

Teoria da simplicidade 92

Teoria da sinceridade 92

Teoria da solidão 92

Teoria da solução 93

Teoria da sorte 94

Teoria da superação 95

Teoria da superstição 95

Teoria da sustentabilidade 96

Teoria do tempo 96

Teoria da tendência..97

Teoria da tentação 97

Teoria do ter 98

Teoria da transformação 100

Teoria da trégua 100

Teoria da tristeza..101

Teoria da urgência..101

Teoria de utilidade 102

Teoria da versatilidade 102

Teoria da vingança 103

Teoria da virtude 103

Teoria da visão 104

Teoria da volta 104

Teoria do zelo...105

ALGUMAS INVENÇÕES QUE MUDARAM O MUNDO

ALGUMAS INVENÇÕES QUE MUDARAM O MUNDO 106

Se não existisse roda...107

Se não existisse pólvora... 108

Se não existisse avião..108

Se não existisse radar..109

Se não existisse satélite artificial......................................109

Se não existisse energia...110

Se não existisse internet..110

TRINTA MINUTOS 112

CAMINHOS ALTERNATIVOS 114

INTELIGÊNCIA ESPIRITUAL 116

PENSAMENTOS 120

REFLEXÃO FINAL 124

PEQUENO GLOSSÁRIO INFORMAL 126

EXTRAS 142

A festa no mar do Rio Vermelho 143

Dálias 148

O homem que queria conversar com Deus............................ 153

O planeta Zen.. 158

O quartel de Amaralina... 163

Tudo que fiz foi por amor.. 168

SOBRE O AUTOR 173

Agradecimento

Agradeço a todos os leitores e leitoras que, por algum motivo, decidiram adquirir este livro. Espero que o texto possa proporcionar a essas pessoas uma reflexão profunda sobre a vida e sobre tudo que já aconteceu e continua acontecendo no mundo.

Ficarei imensamente satisfeito se um dia souber que as mensagens que eu apresento neste texto serão úteis e enriquecedoras em algum momento da vida de vocês.

Muita paz e muita luz!

O autor.

Dedicatória

Para minha esposa Edna e minhas duas filhas, Carolina e Cecília, por ordem de chegada em minha vida. Vocês transformaram meu modo de ver o mundo e são muito importantes para mim pois, sem perceber, me inspiraram bastante para o desenvolvimento deste livro.

Se tudo der certo, como tem acontecido até então, amanhã, ou em outro dia qualquer, estaremos todos juntos mais uma vez.

Vamos continuar sempre unidos e agradecendo ao Criador pelo dom da vida e pelas realizações que juntos alcançamos.

O autor.

Apresentação

O desejo de escrever este livro surgiu a partir de uma inquietação que me ocorreu em alguns momentos de reflexão. Eu já vinha praticando isso há alguns anos, mas precisei aguardar um bom tempo para perceber que as coisas só acontecem no tempo certo. Observei também que precisamos tomar alguma iniciativa toda vez que for preciso realizar algo interessante. Isto é conhecido, na linguagem do dia a dia, como atitude positiva ou gesto proativo. As boas ideias devem sempre resultar em ações concretas que possibilitem a realização do plano que precisa e pode ser alcançado em curto prazo.

Algumas ideias surgem em nossa mente por acaso e elas habitam nosso imaginário, principalmente, quando estamos dispostos a fazer o melhor que podemos, em todos os sentidos. Todavia, com os acontecimentos diários tudo é muito diferente, pois não há como prever algo que não depende de nossa iniciativa ou de nossa participação direta. Para conseguir publicar este livro muitos fatos aconteceram de maneira não prevista ou programada por mim. Não considero que foram coincidências, porque não acredito mais nessa maneira de ver as coisas. Para mim foram planos que eu não fiz, mas que havia uma força Superior providenciando os meios para que eu pudesse escrever este texto.

Sou escritor há mais de quinze anos, mas somente com a chegada da Amazon ao Brasil pude realizar o desejo de produzir novos textos, diferentes dos livros técnicos que já publiquei. E em decorrência dessa oportunidade eu consegui, em apenas dois meses, junho e julho de 2015, escrever seis contos interessantes, todos disponíveis em *e-book*. Esses contos estavam em minha imaginação, mas eu não acreditava mais que poderia publicá-los de maneira tão fácil e em tão curto espaço de tempo. Não acredito que isto aconteceu por acaso!

Este livro trata sobre acontecimentos que mudam a vida das pessoas, em diferentes lugares do mundo, sem que seja possível se praticar uma ação para impedir que eles voltem a acontecer.

Quando decidi ser escritor, abandonei alguns hábitos e passei a pesquisar e estudar bastante sobre diversos temas. Não fiz uma escolha objetiva sobre qualquer área específica e por essa razão consigo escrever sobre vários assuntos. Descobri, todavia, que tenho inclinação muito forte para as coisas do mundo espiritual e esotérico. Sem nenhum esforço adicional comecei a anotar fatos inexplicáveis e incompreensíveis aos olhos dos simples mortais. Eu registrava as ocorrências em um arquivo de texto que tinha várias anotações sobre acidentes de navios, automóveis, aviões e algumas catástrofes da natureza. Passei a ser um observador curioso desses acontecimentos que, em muitas situações, me pareceram inexplicáveis.

Desde a infância, e durante boa parte de minha fase adulta, fui surpreendido por vários acidentes que me colocaram frente a frente com a morte. Quando criança, com pouco mais de dois anos, um galho de árvore penetrou em meu pescoço, um pouco abaixo da orelha direita. Até hoje tenho a cicatriz dessa perfuração, mas nunca soube direito o que realmente aconteceu na época.

Aos doze anos estive envolvido em um acidente de carro. Eu passeava com meu irmão caçula e mais dois amigos de infância. Todos nós escapamos ilesos daquele episódio, apesar de o veículo ter capotado algumas vezes.

Aos vinte e dois anos sofri mais um acidente de carro. Eu tentava acessar uma rodovia que eu mal conhecia e desci uma ribanceira imensa, mas uma árvore estava no meio do percurso. O carro bateu exatamente no tronco daquela árvore e lá ficou preso, evitando que o veículo despencasse até o fim da ribanceira e batesse em várias pedras rochosas que ficavam entre um riacho e outros arvoredos menores.

Aos trinta e seis anos me envolvi em mais outro acidente, desta vez aparentemente menos perigoso. Escorreguei sobre uma pedra que estava com bastante limo. Eu descia uma pequena escadaria de pedra em um local próximo a uma praia quase deserta. Era um riacho com correnteza fraca, mas a queda sobre aquelas pedras molhadas poderia ter provocado um enorme estrago em minha coluna ou em outra parte do meu corpo. Não tive absolutamente nada além de pequenos arranhões no braço direito.

Minha filha caçula, com pouco mais de três anos de nascida, estava em meus braços e também saiu ilesa daquele acidente.

Várias outras situações de perigo aconteceram comigo, todas envolvendo algum risco. Em nenhuma delas tive qualquer arranhão grave, por mais assustadora que fosse a situação.

Esses acidentes me deixaram bastante reflexivo sobre a real possibilidade de minha vida ter sido abreviada por diversas vezes, por causa de pequenos deslizes ou por qualquer outro motivo.

Este livro é fruto dessa reflexão e revela, de alguma forma, meu estado de espírito nesta atual fase de minha vida.

Muitas pessoas, inclusive eu, estão em busca de coisas mais simples e voltadas para o "ser alguém", diferente daquelas que desejam "ter muitas coisas" além daquilo que eu considero ser necessário para se viver uma vida digna.

Depois de avaliar e compreender que tudo que aconteceu comigo não foi por mero acaso, fiquei mais tranquilo para fazer afirmações dessa natureza. Posso reafirmar ainda que, nos últimos 50 anos, não fiz qualquer escolha na vida. Tudo que me aconteceu, tanto na vida profissional quanto afetiva, foi de modo quase inexplicável. Hoje eu compreendo, acredito e aceito, com muita convicção, que existia uma razão de ser para tudo isto.

É com esse pensamento que me vejo neste momento. Estou cada vez mais voltado para muito além da vida material, porque imagino que ela já me deu muitas provas de que temos prazo de validade definido aqui no Planeta e de que precisamos estar com a mala pronta para a provável viagem de volta a qualquer momento.

Ressalto, todavia, que este meu modo de pensar não tem o propósito de exercer qualquer influência sobre pessoas que pensam diferente, muito menos de ir de encontro à liberdade de expressão e ao modo de alguém ver e viver sua vida.

O autor.

Atitudes

As ações que praticamos diariamente podem determinar o que nos acontecerá em médio ou em longo prazo na nossa vida. Penso que essa é uma lei natural do comportamento e da existência humana na Terra. A partir do momento que passamos a ter consciência de nossos atos, precisamos conhecer as consequências deles para que não sejamos de algum modo surpreendidos com o que possa sobrevir. Para ter esse nível de consciência precisamos também estar bem informados e preparados fisicamente, emocionalmente e psicologicamente.

Os fundamentos da existência humana no universo, para os que acreditam na possibilidade de ajuda Superior, obedece uma regra simples: faz a tua parte e eu te ajudarei.

Se praticamos uma atitude inadequada, qualquer que seja o resultado dessa prática não poderá ser atribuído a um simples acontecimento casual. Esta é uma regra simples: nós fomos os causadores daqueles acontecimentos indesejáveis decorrentes de nossas atitudes, porque não tivemos o cuidado de nos proteger ou de fazer a coisa da maneira mais adequada possível. A título de exemplo, se uma pessoa dirige um automóvel a uma velocidade de 200 quilômetros por hora, em uma rodovia em declive, em que consta sinalização de que a velocidade máxima naquela estrada é de 60 quilômetros/hora, essa pessoa está contrariando uma importante regra de prevenção de acidente, desobedecendo as normas do trânsito para o local e desconhecendo as leis da física em relação à estabilidade do veículo em uso naquela rodovia. Qualquer acidente que lhe aconteça naquele percurso será de sua inteira responsabilidade. Mas isto não invalida a possibilidade de uma ajuda Superior livrar aquela pessoa do mal maior.

Precisamos compreender a diferença entre acontecimentos casuais e aqueles provocados por nossa falta de cuidado.

É compreensível que se busque ajuda Superior quando estamos em risco, contudo, não estamos preparados ou disciplinados para aceitar que há atitudes que jamais deveriam ser praticadas, em nome da nossa segurança, do nosso bem-estar e do bem-estar da coletividade, conforme esteja definido nas regras de boa convivência social.

Muitos acontecimentos que provocam danos materiais e físicos nas pessoas decorrem de atitudes inadequadas. Isso pode ser identificado, por exemplo, na grande quantidade de acidentes de trânsito em países subdesenvolvidos e em desenvolvimento. O crescimento da frota não é acompanhado, na mesma proporção, do avanço da educação no trânsito e do nível de consciência coletiva.

Em outras situações, o comportamento humano é incompatível com o que as boas regras da convivência em sociedade recomendam. Ser prudente, cauteloso, cuidadoso e respeitar os limites do corpo é uma prática desejável para qualquer situação que envolve a vida humana. Acreditar ou, simplesmente, supor que tudo vai dar certo, mas sem praticar as ações necessárias para que nada de errado aconteça, é desafiar o que há de mais lógico: simplesmente não vai dar certo só porque queremos que aconteça de nossa maneira!

Experimentei muitas situações de risco, conforme comentei anteriormente, mas tive sorte ou então alguma proteção Superior. Isto não invalida o conceito de imprudência que eu pratiquei naqueles momentos. Algumas foram situações de extremo perigo, devido à presença de elementos mais complexos que poderiam modificar o cenário de forma mais significativa, mas é claro que não deixo de reconhecer a ajuda Superior que tive em todos aqueles eventos.

Devo admitir, porém, que não posso e que não é correto abusar dessa ajuda.

Inconsciente coletivo

Milhões de pessoas andam pelas ruas de diversos centros urbanos do mundo inteiro. Essas pessoas deitam e acordam pensando em seus problemas diários, com inquietações mentais e mesmo assim procuram seguir suas vidas de forma rotineira. Elas assistem televisão, ouvem programas de rádio e buscam sempre por algum tipo de entretenimento diário. Divertem-se com alguns e ficam espantadas com tantos outros.

Nos grandes centros urbanos, no mundo inteiro, há uma grande estrutura de comunicação que tem por objetivo principal informar, mas que na prática conseguem provocar inquietações. São noticiários sobre quase tudo que acontece em toda parte do Planeta e, em algumas situações, em tempo real.

Quando eu tinha cinco anos de idade vivia no interior da Bahia. Na época não havia na cidade rádio, geladeira, energia elétrica, fogão a gás, televisão, telefone e muitos outros equipamentos que hoje são de grande utilidade para o lar e para a nossa vida pessoal.

Naquele tempo eu brincava no quintal da nossa casa, sem perceber o tempo passar. Os dias eram longos demais.

Enquanto isso, existe atualmente, no Brasil e em vários outros países, uma enorme multidão de pessoas que são informadas constantemente sobre tudo que está acontecendo em sua cidade e em outros cantos distantes. As notícias são quase em tempo real e, associado a esse imenso meio de informação do rádio e da televisão, já dispomos de aplicativos que enviam e recebem mensagens de texto, de voz e de imagens, em poucos segundos.

Essa mudança de procedimentos transformou a sociedade atual, principalmente a sociedade que habita os grandes centros urbanos, em um grande grupo de pessoas inconscientes do que há de mais belo no mundo. Essas pessoas não conseguem parar para contemplar nada. Um simples pôr-do-sol não é percebido por milhões de pessoas. Elas simplesmente não têm tempo para isto. Suas vidas são programadas para que seus dias sejam curtos demais e suas noites pouco restauradoras do cansaço diurno. Elas vivem em verdadeiro inconsciente coletivo e não conseguem encontrar uma alternativa melhor de vida.

Esse modelo de sociedade está refletindo a grande angústia que atormenta seres humanos em diversos países do mundo. Um feriado que é prolongado por um final de semana e resulta em três dias de folga, parece ser suficiente para se fazer grandes sacrifícios em busca de lugares mais tranquilos. É a fuga coletiva dos grandes centros urbanos.

Creio que estamos trilhando um caminho muito delicado e que haverá um colapso no futuro. Se não conseguimos contemplar um pôr-do-sol e não percebemos os dias passarem, é porque estamos vivendo sem ruma e não sabemos nada sobre o verdadeiro sentido da vida na Terra.

Se

Apossibilidade de alguma coisa acontecer em um determinado lugar, envolvendo ou não a vida das pessoas, depende de vários fatores controláveis e incontroláveis. Os fatores controláveis estão quase sempre disponíveis e necessitam de uma ação direta de quem os acompanham. Este procedimento de controle, bastante conhecido nas grandes organizações empresariais, tem caráter preventivo, ou seja, ele precisa e deve ser praticado sistematicamente, independentemente de qualquer expectativa negativa. O objetivo principal dessa forma de controle é monitorar, prevenir ou evitar, tempestivamente, possíveis situações indesejáveis.

Verificar todos os dias se foram realizadas cópias de segurança dos dados e dos arquivos de um sistema de controle interno em determinada organização é um exemplo de controle preventivo necessário. Da mesma forma, conferir se as bocas de saída de gás liquefeito de um fogão estão devidamente fechadas ao final do uso desse equipamento, em uma residência ou em um restaurante, é também uma atitude de controle preventivo.

Os fatores incontroláveis são de difícil prevenção e não dependem de ação direta de pessoas ou de organizações. Eles têm características próprias e não há como alguém interferir em suas ocorrências. Um terremoto, por exemplo, poderia ser previsível apenas quando todas as evidências já indicassem para essa possibilidade, mas não seria possível evitar sua ocorrência.

No âmbito das relações humanas políticas e sociais, vários acontecimentos surgem sem aviso prévio e refletem de modo direto na vida de várias pessoas que não tiveram qualquer participação nesses acontecimentos ou não foram chamadas para opinar sobre o assunto. A primeira guerra mundial, por exemplo, envolveu alguns países que jamais planejaram participar de um conflito daquela magnitude. O mesmo aconteceu com a segunda grande guerra mundial e com todos os desdobramentos decorrentes daquele conflito que vitimou milhões de pessoas e destruiu boa parte das populações da Europa e de outros continentes.

Esta reflexão sobre tudo que é possível acontecer, sem que exista qualquer meio de evitar, tem o nome de fatalidade para alguns e de destino para outros. Penso que é apenas uma questão de ponto de vista de quem observa, pois creio que pode haver outras interpretações para esses fatos e suas consequências.

Acredito que nós, seres humanos, não somos dotados de conhecimento específico ou de elevada sensibilidade espiritual para compreender muitos eventos específicos que acontecem em vários lugares do mundo. Isto, talvez, se deva a pouca experiência que temos sobre a imensidão do universo e os seus enigmas.

Se pudéssemos decifrar os mistérios do universo, certamente, haveria uma inquietação muito grande por parte da humanidade, porque alguns acontecimentos poderiam ser percebidos com antecedência. E conhecer antecipadamente o que acontecerá em determinada data e momento só é bom quando o fato é positivo ou, pelo menos, quando não é algo assustador.

Se eventualmente tomarmos conhecimento prévio de uma catástrofe, real ou potencial, que possa acontecer em um futuro muito próximo, com certeza ficaremos muito angustiados com as consequências desse possível ou provável acontecimento. Do mesmo modo, quando somos surpreendidos por algum fato inesperado temos o impacto da surpresa e o desespero de não ter tomado conhecimento com antecedência daquilo que aconteceu.

Uma análise racional de tudo que acontece no mundo nos permite perceber que muitas situações não deixariam de ocorrer, qualquer que fosse a ação preventiva adotada. Por isso, tenho a sensação de que as coisas acontecem porque elas precisam acontecer e fluir naturalmente, assim como acontecem os dias, as noites, o fluxo das águas de um rio e os raios da luz do Sol.

Do ponto de vista esotérico esse pensamento é mais profundo ainda, porque nos faz acreditar que tudo que tiver que acontecer um dia vai acontecer, e não haverá intervenção humana capaz de evitar aquilo que for predeterminado.

Em momentos de profunda reflexão fico pesando como teria sido a minha vida se eu tivesse ficado aleijado quando o carro em que eu estava, com meu irmão caçula e os amigos de infância, capotou pela primeira vez. Reflito também sobre meu destino e meu modo de vida se eu tivesse nascido em outro país, com cultura e hábitos diferentes dos que conheço.

Esse mesmo exercício de pensamento deve ser praticado quando imaginamos que algo não vai bem. Como seria o mundo, nos dias atuais, se não tivesse tanta invenção tecnológica ou se não tivesse acontecido duas grandes guerras entre nações? E como este mundo será no futuro se um dia ocorrer uma terceira conflagração com uso de armas químicas e de armas nucleares?

Essas perguntas não precisam e não podem ser respondidas por qualquer mortal da Terra, mas servem para que possamos refletir sobre os mistérios de todas as coisas do universo.

Fico satisfeito por compreender que não sei absolutamente nada sobre o futuro e que se isto fosse previsível para todas as pessoas, nós, seres humanos, provavelmente sofreríamos muito mais no presente.

De outro ponto de vista, também se um dia for possível conhecer o que realmente acontece após a morte, certamente o mundo e as pessoas terão outro caminho a seguir e outras atitudes a tomar. Conhecer esse mistério em vida seria conhecer o mistério de tudo e, eu credito assim, essa oportunidade ainda não foi dada aos simples mortais que habitam o planeta Terra.

Antes de concluir a publicação deste livro muitas coisas aconteceram em minha vida e na vida de quem está lendo este texto no momento. Refletir sobre isto já nos possibilita analisar a dimensão do quanto o universo é enigmático e de como tudo acontece de maneira sincronizada. Eu poderia não ter concluído o livro ou então não ter escolhido escrever sobre este tema. Da mesma forma, quem o ler neste momento poderia não ter interesse pelo assunto ou não ter adquirido um exemplar. São tantas as possibilidades de encontros e desencontros na vida que qualquer explicação seria inútil ou desnecessária. O que acontece de real, neste momento é que o livro ficou pronto e você, caro leitor ou leitora, o ler por algum motivo. Acredito que não temos muito como explicar isso e penso também que não devemos nos preocupar em encontrar explicação.

Teorias de infinitas possibilidades

A discussão sobre os fundamentos teóricos foi motivo de grandes controvérsias no passado. Essa polêmica continua válida para os dias atuais e, provavelmente, se manterá no futuro. Tudo que se conhecia até então era baseado em vivências práticas e o conhecimento não podia ser transferido para outras pessoas, senão por meio de novas experiências vividas por parte de quem estivesse envolvido no processo experimental. Assim, não era possível, por exemplo, para um mecânico de automóvel, por mais simples que fosse o modelo de veículo, realizar um trabalho nunca antes executado por ele. A partir da elaboração de manuais práticos e objetivos, com um pouco de capacidade cognitiva e da correta interpretação do texto, esse mecânico passou a ter mais chance de fazer um trabalho nunca praticado antes por ele, desde que esse trabalho não apresentasse grande complexidade. Este mesmo raciocínio serve para várias outras profissões que eram exercidas somente com base no conhecimento empírico.

A transferência de conhecimentos por meio de informações teóricas, associada a práticas periódicas e a treinamentos bem direcionados, possibilita a difusão do saber e a proliferação de domínio sobre as atividades que se pretende desenvolver.

O conhecimento teórico, em tese, decorre de pesquisas e observações, mas já não precisa ser posto em prática. Ninguém que tenha informação sobre o assunto necessita experimentar algum tipo de veneno para perceber o efeito prejudicial que ele provoca no organismo humano, porque este efeito nocivo já é do conhecimento da maioria das pessoas.

O objetivo das pesquisas e das observações é mostrar a origem, a natureza, o valor atribuído e os limites do conhecimento, além da possibilidade de se obter novas informações.

O termo teoria tem sido motivo de muitas discussões acadêmicas nos meios universitários. Há quem afirme que as teorias não resolvem problemas, pois na prática tudo é bem diferente e as coisas, quase sempre, não acontecem como desejamos que elas aconteçam.

O foco deste livro foge dessa discussão, porque entendo que há várias maneiras de se analisar determinado conceito.

Sei que a teoria é um termo muitas vezes utilizado com o sentido voltado para a epistemologia, ou seja, ela representa a reflexão mais profunda sobre as coisas naturais que fogem do alcance do conhecimento humano e que, por essa razão, tem limites para sua aceitação. Desse ponto de vista, afirmar que o céu é azul, por exemplo, não pode ser considerado um argumento definitivo enquanto isto não for plenamente comprovado na prática. Mas se alguém afirmar que comer gordura em excesso aumenta o risco de morte por elevação dos níveis de colesterol no sangue, essa afirmação já pode ser considerada bastante provável devido aos longos anos de estudos sobre a influência desse hábito na saúde humana em geral.

Não pretendo tratar neste livro sobre estudos científicos ou sobre eventuais conclusões relacionadas a determinados métodos de avaliação do conhecimento. O propósito principal do texto é abordar alguns temas que, de modo apenas reflexivo, podem ser vistos como possibilidades de ocorrência, mesmo que remota. É um pouco também de filosofia de vida, haja vista que acredito em muitas afirmações que escrevo aqui e, sempre que possível, exercito pensamento positivo sobre esta minha crença.

A teoria do conhecimento tenta responder e resolver alguns questionamentos sobre a possibilidade de se obter informação antecipada sobre determinados fenômenos. A questão também é discutida no âmbito de dois pontos de vista mais abrangentes: dogmatismo e ceticismo.

O dogmatismo julga ou avalia racionalmente as condições de ocorrer determinado fato e, a partir de um pensamento positivo e conclusivo, poder se afirmar que determinadas posições são absolutamente verdadeiras.

Os estudiosos sobre o tema admitem a existência de duas espécies de dogmatismo: o total e o parcial.

O dogmatismo total, de acordo com esses estudiosos, é muito rigoroso e só admite a possibilidade de se afirmar algo como verdadeiro se houver total possibilidade de comprovação.

O dogmatismo parcial é mais brando e admite afirmações sem que se possa efetivamente comprovar na prática, bastando que para tanto haja fortes evidências.

O ceticismo, por sua vez, implica duvidar de tudo que não pode ser efetivamente comprovado na prática. Os céticos possuem características próprias e bem definidas: desconfiar sempre enquanto não for possível comprovar na prática.

Essas ponderações que faço são para esclarecer que este livro não tenta convencer as pessoas sobre nenhuma verdade absoluta, da mesma forma que não sugere que elas deixem de acreditar em algo que possa ser visto como possível e normal. Eu procuro externar no texto alguns temas que considero importantes para quem desejar refletir sobre eles, mas sempre acrescentando algo mais para o leitor tomar conhecimento e tirar suas conclusões. O que eu penso e aquilo em que acredito não devem influenciar na reflexão de quem ler o texto, pois não é este o meu objetivo.

Teoria da abnegação

A grandeza da renúncia aos interesses próprios é uma possibilidade que está na essência da alma humana. O que dificulta a prática desse gesto é a influência externa que modifica essa essência e transforma as pessoas em seres vaidosos e egoístas.

Não é simples renunciar, mas é mais fácil do que lutar desesperadamente para não abrir mão daquilo que é desejado de forma ambiciosa.

Exercitar a abnegação é um bom início para a elevação espiritual e para o desprendimento das coisas materiais que, invariavelmente, produzem apenas conforto físico transitório.

Os grandes vultos religiosos se destacaram e continuam se destacando por seus gestos de abnegação e por atitudes de total desprendimento material.

Teoria da adoração

Adorar é uma forma de manifestar profundo respeito e admiração. Não se confunde com paixão exacerbada, mas com aceitação e veneração a algo que toca o profundamente o coração de quem adora. Também não pode se transformar em fanatismo, pois o limite da adoração é a compreensão e aceitação da fé alheia, independente das escolhas diferentes daquelas de quem escolheu algo diferente para adorar.

Teoria da adversidade

A adversidade é um momento específico de aparente infelicidade em que a pessoa precisa estar preparada para suportar eventuais ou até continuados sacrifícios. Ninguém planeja reações para uma situação crítica, pois normalmente não se admite que ela possa acontecer. Esta falsa certeza de não ocorrência do inesperado pode nos levar a duas situações possíveis: encarar a dificuldade como um desafio passageiro e tentar superá-la ou então abater-se completamente em função da surpresa gerada pelo acontecimento e experimentar o desânimo físico e mental.

Potencialmente todos nós estamos sujeitos a situações difíceis, mas, de modo em geral, não exercitamos de maneira consciente a possibilidade de conviver com essa possível realidade.

Teoria da alegria

O estado psíquico natural de qualquer pessoa deveria estar baseado na tranquilidade de espírito e na simplicidade de viver. Ser alegre ou ser triste não deveria ser uma alternativa de vida, pois a alegria é nata do ser humano, enquanto a tristeza é um estado de melancolia transitória.

Contudo, a alegria exagerada afronta os que são tristes por algum motivo. Da mesma forma, a tristeza aguda contagia a alegria de quem não encontra razão para ser triste.

Compreender a diferença entre estes dois sentimentos é uma tarefa difícil, muito embora seja frequente a necessidade dessa compreensão. Se as pessoas pudessem viver a plenitude da serenidade constante não haveria motivos para existir sentimento de alegria extrema e nem tristeza absoluta.

Teoria da alma

Admite-se que a alma é a parte imaterial do ser humano. É considerada também o espírito do corpo físico e a luz que deu início à vida. Todos, em tese, possuem alma. A dureza de ações praticadas por alguém gera motivo para um conceito de pessoa desalmada.

Se todos os animais são possuidores de almas, deduz-se que os seres humanos podem encarnar qualquer animal, em uma hipótese de reencarnação. Todavia, no campo da racionalidade e da espiritualidade, não se admite que os animais irracionais possuem alma. E por essa razão acredita-se que somente os seres humanos são capazes de sorrir.

No conceito bíblico a alma sobrevive depois da morte do corpo físico e é ela que conduz o ser humano à vida eterna.

Teoria do amor

A condição de amar não deve ser estabelecida a partir de um interesse subjetivo ou de uma pretensão unilateral. Quem ama de maneira incondicional não estabelece regra ou algum critério para amar. Perceber o sentimento de amor não significa gostar de alguém de modo especial ou condicional, pois a lógica do amor puro e verdadeiro não é a mesma lógica do querer por desejar.

Todos os indicadores que definem o conceito de felicidade, do ponto de vista da condição humana, passam pela possibilidade de se amar alguém ou algumas poucas pessoas. Entretanto, do ponto de vista existencial e espiritual, esses indicadores não podem ser estabelecidos ou considerados, pois o amor se apresenta de forma plena, incomensurável e indefinida. Não deve existir um direcionamento para esse amor e não se pode estabelecer limite para este sentimento.

Quem ama de verdade um animal de estimação não estabelece condição para isto, da mesma forma que quem ama um filho também não define regras para esse amor. Isso faz toda a diferença entre sentir amor e ter amor. Sentir amor é um movimento momentâneo, não continuado. Ter amor é estar em constante sintonia com este sentimento.

Os casais, de modo em geral, dizem que se amam no início da relação. Quando eventualmente se separam, por qualquer razão, afastam-se um do outro e dizem que o amor não existe mais. Este é o modelo de amor condicional que não retrata a essência do verdadeiro amor e sua real dimensão.

A essência do verdadeiro amor é sua tripla motivação. Esta concepção requer amor a si mesmo, amor ao próximo e amor ao Criador.

Se todos se amassem de verdade não haveria necessidade de tantas escolhas, lutas, disputas, pois ninguém saberia o que escolher, com quem lutar e para que disputar. Também não haveria distinção de cor, raça, religião e todos falariam a mesma língua do amor mais puro e verdadeiro.

Teoria da atração

Atrair é aproximar para perto de si ou para dentro de algum lugar. O conceito básico da atração considera isso um fenômeno físico no ambiente material e universal. Os animais são atraídos por instinto (fome, desejo sexual, proteção corporal etc.), enquanto que, no sentido espiritual, a atração acontece por meio da mente elevada e essa atração não implica desejo físico.

Teoria da beleza

Tudo pode ser belo se o nosso olhar assim permitir. A beleza padrão para uns pode ser algo muito estranho para outros. Uma raça humana pode ver em outra uma beleza diferente da sua e, ao mesmo tempo, esta outra raça pode sentir-se estranha na presença daquela que a considera bela.

Os seres humanos atribuem padrões de beleza de forma diferenciada. A natureza, por essência, é a principal fonte desses padrões de beleza. Possivelmente, se tivéssemos a possibilidade de conhecer outro mundo diferente deste que habitamos, talvez pudéssemos perceber e aceitar outras formas de beleza, senão essas que existem aqui na Terra. Os corais no fundo do oceano poderiam ser estranhos perto de uma constelação de estrelas brilhantes de uma galáxia em um céu colorido de luzes diferentes das que conhecemos aos olhos da Terra.

Do ponto de vista dos seres humanos, a beleza é uma projeção do olhar que reflete uma percepção física. Se todas as pessoas fossem iguais, não haveria como estabelecer um padrão de beleza visual entre homens e mulheres.

Teoria da bondade

Quando alguém pratica um ato de bondade não deve esperar alguma coisa em troca ou retorno. Ser bom é parecido com amar: não requer e não cabe cobrança de reciprocidade. A ação deve ser sempre espontânea.

A bondade não é um gesto de eventual boa vontade. É um sentimento sincero e permanente de ajudar e proteger sempre que for possível. É próximo, mas bem maior do que a verdadeira amizade, pois não necessita de vínculos de afeição.

Ser bom não se confunde com ser agradável. Às vezes, as pessoas agradam para impressionar e não porque são generosas. Fazer as coisas espontaneamente é perceptível, mas a simulação de querer agradar é um gesto de falsidade que pode ser percebido com facilidade por quem recebe o benefício.

Teoria de causa e efeito

A possibilidade de algo acontecer de modo imprevisível tem provocado uma série de discussões e reflexões. Essa teoria torna os fatos mais complexos ainda.

Quando uma pessoa sai de sua residência, pela manhã, para trabalhar ou para estudar, sem pensar em nada de errado que possa acontecer, vários eventos de natureza semelhante também estão acontecendo com outras pessoas naquele mesmo instante. Um simples acidente de carro, como uma batida leve, por exemplo, não é mera fatalidade. Foi preciso acontecer muitas outras coisas até que aquele acidente ocorresse. Chama-se isto de fato conectado.

Tudo que acontece, em tese, tem um vínculo com outros acontecimentos concomitantes que talvez não pudessem ser evitados. Isso dificulta a análise da causa que antecede qualquer evento, por mais simples que este seja. Analisar o efeito desse evento sob a ótica de sua origem é muito difícil.

Teoria da compaixão

A compaixão define um sentimento de compadecimento e piedade pela vida daqueles que sofrem. Este sentimento é mutante e evolui de acordo com o grau de evolução espiritual de cada pessoa. O exercício diário da compaixão pode revelar alto nível de espiritualidade e de amor entre os seres vivos racionais.

Do ponto de vista religioso, o gesto de compaixão é um dos mais sublimes de todos e demonstra a capacidade de empatia entre a pessoa que sente compaixão e aquela por quem essa pessoa está compadecida.

Teoria da complexidade

A observação objetiva do mundo permite uma percepção de grande sofisticação do universo. Olhando-se atentamente um imenso oceano é possível avaliar a sensação de magnitude da natureza. Da mesma forma, olhando-se uma nave espacial verifica-se a grande complexidade da engenharia humana.

Todas as observações sobre o planeta Terra passam por outros questionamentos mais profundos. Admitir que estamos sozinhos sobre um pequeno astro que gira em volta do Sol e se apresenta luminoso por causa dos raios deste grande corpo celeste, é uma tarefa difícil. Imaginar, ainda, que não temos ideia para onde iremos após a morte é outra reflexão de grande dificuldade.

A lógica alternativa é supor que tudo é simples para os que defendem a possibilidade de um mundo sem limites e que essa simplicidade se baseia no conceito de que o criador pode tudo perante o mundo e que somente Ele conhece este mistério da vida humana na Terra.

Teoria do conhecimento

Há várias formas de se obter conhecimento. Se avistamos ou ouvimos algo, dizemos que tomamos conhecimento daquilo.

No campo científico o conhecimento resulta de muitas pesquisas, análises e conclusões. Não há como o ser humano ter conhecimento de tudo que há no universo porque é impossível ele ter uma visão holística sobre fenômenos que não estão ao seu alcance.

No campo da medicina, ainda não é possível se afirmar que a ciência tem controle absoluto de tudo que representa o corpo humano. Os indivíduos são diferentes, porque cada pessoa tem bilhões de células em seu corpo, e cada povo ou cada raça tem suas características próprias. Desse modo, o que pode ser saudável para alguém em um determinado lugar do planeta, pode ser muito impróprio para a saúde humana em outro local.

A raça humana é um conjunto de pessoas com diferentes formações, etnias e outras características específicas. Todas as pessoas possuem conhecimentos e hábitos bem diferentes sobre modo de vida, fé religiosa e tantas outras peculiaridades próprias.

Do ponto de vista do saber, só se conhece aquilo que é apresentado ou descoberto. Ninguém deixa de ser inteligente por não conhecer sobre determinado tema. Nascemos sem saber falar, sem conhecer as cores e sem caminhar. Algum tempo depois já somos capazes de dominar esses três saberes mínimos.

Teoria da conspiração

Conspirar é a forma de traição mais dolorida que se pode considerar e que provoca o pior impacto no estado emocional das pessoas. Praticar atos obscuros e sem possibilidade de contestação tempestiva transforma o traidor em um ser desumano.

Tudo que foge ao princípio da clareza, da objetividade e da verdade pode ser considerado um ensaio para a traição. Não deveria existir este tipo de comportamento, mas isso está na essência dos seres humanos.

Teoria da cumplicidade

Ser solidário é ser cúmplice. Quando alguém se posiciona dessa maneira deve ter a convicção de que está apoiando uma causa justa e amplamente defensável. As consequências desse apoio devem ser para evitar injustiças, mas não deve se refletir em benefício próprio do apoiador para não descaracterizar sua autenticidade.

A cumplicidade não justifica interferir nas ideias de quem é apoiado, mas sim na crença e na aceitação dessas ideias.

O modelo de cumplicidade baseado em busca de vantagem deve ser tratado como conveniência e não revela a verdadeira intenção de ajudar ou de ser justo.

Teoria da decadência

Decair é perder a esperança de que existe um futuro melhor que pode ser alcançado em determinado espaço de tempo. O propósito da vida não deve ser alcançar metas individuais, pois é partir dessa busca que acontece o declínio dos sonhadores.

Na história da humanidade, todos os grandes impérios caíram em decadência. Isto se explica porque não é possível alguém ficar submetido ao jugo de outrem eternamente.

Teoria da decisão

Há pensadores que admitem que tudo está previamente traçado e definido em um espaço temporal não visível. Dessa ótica, acredita-se que somos apenas os experimentos de um modelo de vida física com prazo de duração pré-estabelecido.

Desse ponto de vista, tudo já estaria decidido com alguma antecedência e nós, seres humanos, teríamos apenas que cumprir o calendário da ordem natural da vida.

Há situações em que a decisão depende de nossa atuação e de nossa capacidade de decidir. Para isto é preciso ter convicção formada e estar imbuído do mais nobre propósito como pessoa.

Teoria da divisão

As piores guerras e as mais sangrentas disputas entre seres humanos foram e continuam sendo decorrentes do desejo de conquistar povos e terras para a obtenção ou a ampliação de riquezas. Se esses contendores decidissem optar pela divisão justa de tudo que há na natureza, pelo menos no planeta Terra, as lutas não teriam acontecido e, possivelmente, este mundo seria um espaço único habitado por pessoas pacíficas e unidas por um só objetivo: viver em felicidade.

A ideia de dividir, porém, é compatível com o sentimento de compartilhar tudo entre todos. Quem compartilha aceita ceder uma parte para que os outros possam usufruir de tudo que há de bom no mundo.

Se todos dividem um pouco de tudo não cabem disputas, mas é necessário compreensão e muito desprendimento. E se todos dividem o trabalho, este se torna mais brando e mais produtivo.

Se os humanos dividissem a riqueza do mundo essa riqueza se tornaria justa a acessível, eliminando a classificação de escassez e a distância entre ricos e pobres.

Teoria da dor

A dor física é suportável e superável com alguns elementos químicos ou com várias fontes naturais de cura, em forma de medicamentos. Esta é a dor do corpo material. A dor emocional ou então espiritual é mais complexa e não poderá ser tratada de maneira paliativa e com produtos artificiais.

Conviver com essas duas dores, a física e a espiritual, é um peso grande demais para muitas pessoas, mas há quem suporte melhor a dor do corpo.

Grandes pensadores e líderes religiosos admitem que os seres humanos que estão em processo de crescimento espiritual evoluem mais a partir de algum sofrimento físico. Acredita-se que esse sofrimento toca a alma e ela ameniza a dor do corpo.

Teoria da escolha

"Podemos escolher várias coisas em um supermercado ou em uma loja de departamentos. Entretanto, no quotidiano da vida real, as escolhas mais importantes são muito difíceis e, na maioria das vezes, elas vão se refletir de alguma forma ao longo de nossa vida".

O autor.

Temos poucas oportunidades para fazer escolhas importantes na vida. As opções que podemos considerar devem ser observadas com sabedoria, porque podem nos acompanhar para sempre ou por um longo período de nossa existência. Antes de nascer ninguém escolhe o país, o estado ou a sua terra natal. Também não escolhe os pais, os irmãos, os parentes, a cor da pele, o sexo e tantas outras coisas. Mas, depois de certo tempo de vida, é possível escolher a profissão que desejamos exercer, a pessoa com quem queremos conviver, a religião que vamos seguir e as pessoas que elegemos para desfrutar de nossa amizade. A partir do momento em que podemos fazer algumas escolhas elas passam a ter significado importante em nossa vida. O que nos falta, na maioria das vezes, é a capacidade de escolher bem. Escolher é fácil, mas escolher bem é muito difícil. Isso envolve conhecimento, vocação, determinação e, em algumas situações, capacidade física e financeira. As escolhas não podem se basear em empirismo –

escolher com base no que se ouve falar sobre aquilo que queremos escolher. E na maioria das vezes as pessoas escolhem com pressa porque a vida tem fases e em cada fase há um tempo médio definido para cada coisa. Não podemos, por exemplo, escolher a profissão de atleta corredor de maratonas quando já tivermos ultrapassado a idade considerada ideal para isso. Também não podemos escolher uma profissão para a qual não temos a menor vocação, sob pena de fracasso profissional. A escolha poderia nos proporcionar enorme insatisfação no início, mas com possibilidade de no futuro a profissão escolhida ser motivo de insatisfação.

Muitos erros de escolhas estão relacionados exatamente aos envolvimentos mais significativos de nossa vida: escolhas afetivas, escolhas comportamentais e escolhas profissionais. Escolher mal a pessoa com quem desejamos conviver ou pretendemos nos relacionar, por exemplo, é o caminho certo e provável para futuras dificuldades no relacionamento. Escolher amigos, modo de vida, cidade onde morar e profissão a seguir, é atirar no escuro. A vida nos ensina que a escolha errada da profissão que desejamos exercer, pode resultar em grande fracasso profissional.

Então, escolher talvez seja uma das atitudes mais importantes da vida, em determinado momento. Daí a necessidade de se pensar bem antes de decidir. Se for preciso, devemos adiar por algum tempo a escolha duvidosa poder escolher melhor.

Do ponto de vista esotérico, contudo, não há nenhuma garantia de que essa ou aquela escolha trará resultados positivos para uma pessoa. Precisamos entender que o universo é enigmático, sob todos os aspectos, e que a teoria das escolhas é tão somente uma parte importante das nossas atitudes.

Devemos admitir também que muitos problemas que enfrentamos podem ser resultantes de pequenos erros cometidos nas nossas escolhas ocorridas em algum momento da vida.

Se fosse possível prever acontecimentos indesejáveis, certamente teríamos controle sobre todas as atitudes negativas que pudessem representar perdas significativas em nossa vida. O que desse errado com alguém nós não repetiríamos. Utilizaríamos a experiência negativa daquela pessoa para não cometer o mesmo erro. Alguns desses caminhos poderiam ser considerados experiências não vividas e, portanto, não seriam repetidas.

Admite-se, entretanto, que na maioria das vezes as pessoas não recebem informação adequada sobre o que pode ser certo ou errado em sua vida a partir de uma determinada postura ou de uma determinada escolha.

A título de exemplo, seria difícil convencer um filho ou uma filha a não escolher determinada área de estudo para ter sua profissão porque isso exigiria conhecimento prévio sobre aquela atividade e também necessitaria de comprovação de que aquela profissão não seria uma boa escolha. Acontece que existem boas profissões que não deram certo para determinadas pessoas e profissões que aparentemente não seriam boas, mas que deram certo para outras pessoas. Isto significa que cada pessoa tem um perfil diferente, de modo que é possível se fazer escolhas iguais e obter resultados diferentes.

A única certeza que nos resta é de que o que pode ser bom para algumas pessoas pode não ser interessante para outras, de modo que tudo é relativo nesse quesito. Todavia, existem evidências históricas de escolhas que não deram certo para uma grande quantidade de pessoas. Estas evidências servem como exemplo de fracasso profissional ou então de insucesso na vida.

A lógica mais simples nos permite afirmar que temos a opção de poder escolher várias coisas importantes, mesmo que estas escolhas não nos assegurem sucesso pessoal ou então bom desempenho profissional. Mas não devemos conviver com o fracasso por escolher mal. Devemos é corrigir o rumo a tempo.

Teoria da escuridão

As luzes e as cores são a percepção dos nossos olhos. Se nos habituamos sem essas luzes não percebemos sua ausência. Acredita-se que há uma possibilidade de se ver na escuridão, se a escolha for não desejar ver as cores que as luzes refletem.

A escuridão nos rouba as cores e estas existem de maneira plena. Tudo precisa apenas de luz para ser percebido.

Assim, a falta de luz é o motivo da escuridão e essa lógica pode ser visível na divisão dos dias e das noites. É o Sol que faz diferenciar uns dos outros, pois sem sua luz existiria apenas trevas com característica de escuridão eterna.

Este grande astro planetário nos revela a imensidão do universo e nos possibilita redefinir o conceito de escuridão. Se a Terra não girasse em redor do Sol só teríamos dia, em qualquer lugar do Planeta. Dessa ótica, não existe noite no universo, mas sim muitos dias de sol. A outra escuridão seria decorrente de nuvens carregadas de chuvas, mas estas nuvens seriam passageiras e perceptíveis de forma diferente daquela que vemos em dias normais.

Do ponto de vista religioso, há os que acreditam que a escuridão é falta de fé no Ser Superior, que nos ilumina com sua luz eterna e infinita.

Todos os dias são de luz e de claridade, para que tenhamos a certeza da existência de algo muito maior do que aquilo que nossos olhos percebem.

Teoria da essência

Há um conceito fundamental sobre essência que faz prevalecer o que é mais importante em determinado assunto ou em uma análise específica de valores.

A teoria que predomina é que a essência prevalece sobre a forma. Não importa de que maneira o fato se apresenta, mas sim como ele realmente aconteceu.

Do ponto de vista filosófico, não se deve considerar que a aparência é mais importante do que a realidade. Isto provoca uma reflexão muito profunda sobre nossos conceitos e conclusões.

Julgar um acontecimento pela forma como e ocorreu é muito simples, mas entender a essência desse acontecimento é uma tarefa mais difícil e complexa. Aceitar uma derrota no esporte, por exemplo, poderia ser um bom exemplo de essência sobre fato. A essência teria sido participar ativamente da competição, mas o fato fora a derrota sofrida.

Teoria da eternidade

Ao aceitarmos a ideia de vida eterna, enquanto seres vivos mortais, devemos refletir sobre o que nos aguarda após a morte.

Do ponto de vista religioso a ideia de eternidade está associada à crença de que viveremos para sempre em um mundo diferente deste em que estamos. Dessa ótica, não sabemos se aqui é o começo ou o meio. Só podemos concluir, todavia, que não é o fim da experiência da vida humana.

Acreditar nessa possibilidade de vida eterna nos faz refletir profundamente sobre a necessidade de zelarmos por nossos valores mais elevados, nesta passagem temporária na vida terena.

Teoria da evidência

Há muitas formas de se analisar uma evidência, mas não é possível afirmar de maneira prática que determinada situação expressa uma realidade.

No aspecto material as evidências são insinuações da possibilidade de existência de algo. Todavia, no mundo espiritual evoluído, essas evidências são precedidas de situações concretas, reais e incontestáveis.

Teoria da evolução

Em pouco mais de dois séculos, considerando-se o período a partir das principais revoluções ocorridas na Europa, o mundo passou por muitas batalhas e se envolveu em duas grandes guerras. Também presenciou descobertas tecnológicas maravilhosas.

Até o início de século 18 não existia avião, computador, telefone celular, satélite e vários outros inventos associados à tecnologia em geral. Os algoritmos impulsionaram o avanço da computação eletrônica e com esta veio a internet que, atualmente, revoluciona muitos procedimentos da vida moderna.

Se não acontecessem essas descobertas fantásticas, como estariam as pessoas nos dias atuais? E porque somente no século XX os seres humanos foram capazes de produzir e aprimorar tantos eventos tecnológicos que mudaram a face da Terra? O que teria acontecido e por que ficamos tanto tempo esperando para descobrir estas maravilhas dos dias atuais?

A resposta para esses questionamentos é difícil. Desde o início da Revolução Industrial, que teve sua grande explosão na Grã-Bretanha em meados do ano de 1830, o mundo produziu milhões de toneladas de bens e produtos nunca antes imaginados.

Mas foi a partir da década de 1960, alguns anos depois do fim da segunda grande guerra mundial, que a internet passou a ser idealizada com mais determinação. Esta tecnologia modificaria o mundo em pouco mais de cinco décadas.

Admitindo-se que a história da humanidade, bem como a sua evolução, é milenar, podemos inferir que foram necessários mais de vinte séculos depois de Cristo para que o mundo e as pessoas pudessem experimentar avanços tecnológicos tão significativos como estes que se verificam atualmente. E isso mudou a face do planeta Terra e as relações entre as nações e os seus habitantes.

Não temos com avaliar o que virá daqui por diante em termos de tecnologia, mas podemos admitir que muitos outros progressos surgirão e este momento parece ser mais um grande mistério do Criador.

Teoria da existência

A maior dúvida dos seres humanos pode estar associada à sua própria origem. Não temos convicção absoluta sobre como surgiram homens e mulheres, da mesma forma que não sabemos concretamente como apareceram os outros animais, os rios, as plantas e tudo mais que existe no planeta Terra.

Se fosse possível compreender esse mistério a vida poderia ter outro sentido e as pessoas sofreriam muito menos.

Teoria da facilidade

Quando desconhecemos algo temos a impressão de que resolver determinado problema é tarefa difícil. Os empíricos são assim considerados procuram ver como já foi feito antes para repetir o procedimento, mas isto não é possível sempre.

O conceito de facilidade deve estar voltado para a compreensão de que tudo, em tese, é fácil de resolver, pois a lei da regência do universo nos leva a pensar assim.

Se pensarmos diferente, jamais entenderemos com foi possível se realizar a construção das grandes pirâmides do Egito.

Nos dias atuais o que nos chama a atenção é a capacidade de novos inventos que surgem a partir da utilização da tecnologia da informação e do desenvolvimento de minúsculos equipamentos eletrônicos que nos permitem realizar atividades que antes seriam inimagináveis.

Teoria da fé

Acreditar em algo é ser dotado de fé. As pessoas que buscam por uma religião para seguir, não são sempre movidas por alguma crença definitiva. Mas aquelas que acreditam de verdade, sem fanatismo e sem radicalismo, conseguem vivenciar um estado de espírito diferenciado.

Fé não se confunde com esperança, pois a primeira é uma prática continuada, sólida, convincente, e não guarda relação com expectativas futuras. Ter esperança pode ser apenas um sentimento momentâneo de otimismo, mas que pode estar distante da possibilidade real de um acontecimento concreto.

Os que professam a fé, não se intimidam com determinada doença e a aceita como uma nova condição de vida. Quem tem esperança pode apenas estar com medo das consequências da enfermidade, mas acredita na possibilidade de cura e na retomada da condição anterior de vida.

Exercitar a fé é um gesto permanente e não depende do estado físico ou da condição material e financeira em que o indivíduo se encontra. Exercitar a esperança é manter o pensamento otimista sempre em busca de uma mudança para melhor.

Quem tem fé aceita a condição de vida em que está. Quem tem esperança, luta para mudar essa condição por outra que lhe pareça melhor e mais favorável.

A fé pressupõe que a pessoa possui relação com alguma religião. A esperança independe de qualquer vínculo religioso.

A fé pode curar, pois quem a possui tem convicção naquilo que acredita, enquanto que quem tem esperança pode apenas gerar em si mesmo uma expectativa de melhoria que pode não ser correspondida ao final de um determinado período.

Teoria da felicidade

Se todas as pessoas fossem felizes de verdade não haveria necessidade de disputas entre os seres humanos e não seria preciso buscas por novas conquistas.

A ideia de ser feliz apresenta-se eventualmente como uma contradição, pois às vezes nos tornamos muito amargos e sofremos bastante para tentar alcançar algo que não é tão duradouro.

A felicidade, nos termos que a conhecemos nos dias atuais, não pode ser uma situação de permanente sensação de bem-estar. Não é possível atingir este nível de satisfação pessoal quando sabemos que muito próximo de nós existe alguém que precisa tão somente ter um pouco de alegria na vida. Buscamos a felicidade como quem busca água na fonte para beber, mas esquecemos do deserto que há em outros lugares e vibramos quando nos deparamos com a abundância desse líquido precioso.

Ser feliz não pode ser um estado de sentimento individual. Ser feliz, para muitos, é ver também alguém feliz. Essa dicotomia nos direciona para um questionamento íntimo inevitável: como posso ser feliz sozinho? E porque desejo tanto ser feliz, se esse sentimento depende da forma como tudo acontece em minha volta?

Alcançar um nível de bem-estar duradouro parece-me algo inatingível, pelo menos nos dias atuais.

A possibilidade de desistir de ser feliz e tentar procurar ser compreensível com as adversidades do mundo parece-me algo mais tangível e realista.

Às vezes penso que ninguém deveria nos dizer para não desistir de sonhar, porque o sonho, em algumas situações, pode ser confundido com a realidade do dia seguinte e transformar-se em pesadelo ou frustração. Também imagino que os sonhos não traduzem o nosso real estado de espírito.

Se observarmos atentamente a manifestação de felicidade de uma pessoa vamos notar que, em muitos casos, se trata de um estado de alegria temporária que expressa um sentimento de bem-estar físico e mental naquele momento, associado a um provável momento de tranquilidade emocional.

A felicidade não é algo a ser buscado a qualquer preço, pois ela só se manifesta quando todas as nossas inquietações estão resolvidas ou superadas. Assim, do ponto de vista existencial dos seres humanos, seria impossível alguém ser plenamente feliz por um dia ou por um período mais prolongado.

A felicidade, portanto, é um desejo muito íntimo, mas nunca uma realidade concreta que possa ser alcançada plenamente.

Teoria do fim

O fim não é quando algo está destruído ou danificado, mas sim quando está pronto para ser plenamente utilizado. O conceito de fim pode ser analisado de várias maneiras e a interpretação distorcida nos leva a um entendimento equivocado sobre esse termo.

Em filosofia diz-se que nada tem fim, apenas mutações que dão sequência a algo que está em constante movimento. Para que essas mutações aconteçam é preciso considerar o início como ponto de partida e o meio como a parte da mutação.

Em religião, entende-se que o fim do mundo não é a destruição daquilo que está em construção. O fim seria a conclusão definitiva da obra do Criador, quando tudo estaria na mais perfeita ordem e, a partir de então, não haveria necessidade de modificações futuras. Esta assertiva enseja para a possibilidade de um fim definitivo quando a obra do Criador for concluída.

Teoria da fraternidade

A lógica da existência humana nos permite afirmar que somos todos irmãos. Este é um princípio bíblico muito relevante.

Se, em princípio, temos a mesma origem, não podemos dissociar a possibilidade de uma raça humana única e irmanada.

Independente de preceitos religiosos, a lei do Criador nos remete ao pensamento de que devemos ser unidos em uma só verdade e por isso precisamos viver em completa harmonia.

Teoria da frequência

A possibilidade de algum evento significativo voltar a acontecer em qualquer outra data futura é uma dúvida frequente entre os pesquisadores mais criteriosos, mas há quem afirme que tudo é possível no âmbito do universo.

Em princípio, ninguém sabe, exatamente, como surgem as grandes catástrofes ou um maremoto gigante, por exemplo, mas há um firme pensamento entre estudiosos das leis do universo de que tudo que já aconteceu um dia poderá voltar a acontecer no futuro.

O conceito de frequência, desse ponto de vista, está associado à possibilidade de repetição e não à ocorrência continuada de situações semelhantes. Os fatos se repetem, mas nunca da mesma forma, embora possam causar os mesmos efeitos e provocar as mesmas consequências. Dessa ótica, a frequência está associada a uma reincidência, geralmente sem as mesmas características do evento original.

Teoria da fuga

Fugir da realidade é ter medo de enfrentar desafios. A fuga deve ser uma forma de proteção, nunca um jeito ilusório de não enxergar uma realidade ou de conviver com ela.

As pessoas fogem de várias maneiras. As formas mais usuais de fugir são aquelas que alteram os componentes mentais e produzem efeitos ilusórios que duram muito pouco tempo.

Do ponto de vista da psicologia, diz-se que a fuga é o retardamento de um sofrimento indesejado e inaceitável. Admite-se, nesse contexto, que encarar a realidade alivia a alma, em detrimento de possível sofrimento físico temporário.

Se, por exemplo, alguém precisa encarar uma doença rara fugir é uma ação desnecessária, pois vai retardar o encontro com a verdade sobre aquela doença e poderá dificultar seu enfrentamento.

Teoria da grandeza

Há vários conceitos sobre grandeza. A magnitude do universo é considerada uma grandeza infinita, enquanto que, no âmbito das criaturas humanas, a renúncia às coisas materiais é uma grandeza do espírito ou da alma.

A grandeza, no sentido quantitativo, expressa algo que pode ser modificado, a depender da circunstância.

Teoria da gratidão

Nada é mais sublime do que um gesto de gratidão. Reconhecer e agradecer, de coração, uma ajuda ou um apoio necessário, eleva a alma e valoriza o gesto praticado por alguém. Para ser digno e grandioso, este gesto não deve visar reconhecimento exacerbado, mas a gratidão da outra parte é justa e compreensível.

Os ingratos devem ser perdoados sempre, para que eles possam experimentar e reconhecer o valor da gratidão.

Teoria da habilidade

Nascemos dotados de múltiplas habilidades, mas desenvolvemos poucas delas ou então não temos oportunidades para desenvolvê-las.

Se todos tivessem as mesmas chances de praticar ou de exercitar suas habilidades, não haveria distinção entre os mais habilidosos e aqueles os menos dotados desse dom.

Teoria da honestidade

Ninguém precisa demonstrar ou aparentar que é honesto. Todavia, é necessário ter dentro de si a certeza desse propósito e a decência de ser honrado. É preciso ter convicção de que esta é uma escolha verdadeira. Ter caráter e ser modesto não humilha e não submete quem é determinado para este fim.

Acredito que as pessoas não nascem desonestas, mas que, a partir de um determinado momento da vida, as influências e os desejos egoístas podem modificar o comportamento de quem não cultiva diariamente a ideia de ser honesto. As influências negativas, decorrentes do mau convívio social, e o modo de ver a e aceitar a vida podem ser fatores determinantes na questão da honestidade. É importante estar preparado ou bem orientado para não escolher e não aceitar a desonra.

Ser necessitado não é motivo para alguém ser desonesto, mas a carência material pode provocar o instinto de sobrevivência e tornar um indivíduo vítima desse mal.

A honestidade, como essência fundamental e necessária para a evolução do comportamento humano, é uma experiência que todos podem e precisam experimentar. Dormir em paz, sem pesadelos, acordar sem assombros e poder olhar para frente, sem ter que se esquivar de qualquer situação, é muito confortável.

O principal mecanismo de defesa para quem deseja cultivar o hábito de permanecer honesto é baixar os níveis de ambição e procurar fazer da vida um gesto de simplicidade constante.

A sabedoria popular afirma que quem dorme bem e não sente dores estomacais injustificáveis está em boa sintonia com os fundamentos da vida honesta. Aqueles que perdem o sono por algum motivo, precisam avaliar se esse sintoma está associado a alguma forma de preocupação com algo de errado que esteja acontecendo em sua conduta de vida.

Teoria da humildade

Os arrogantes não percebem e não conhecem o verdadeiro sentido da humildade. Carregam consigo a impressão de que possuem força e poder, mas essa força e esse poder são limitados.

Fortes são os humildes por opção ou por vocação, pois são capazes de reconhecer seus erros e limitações sem que se sintam submissos ou humilhados.

Teoria da ignorância

Ninguém nasce com o conhecimento e com o saber. Esses atributos são decorrentes de um aprendizado constante ao longo da vida. Desse modo, sempre temos alguma forma de ignorância, pois sempre há algo novo que ainda não aprendemos.

Ignorar ou desconhecer não é ser incapaz. Isso pode significar apenas falta de conhecimento. A concepção de ignorância difere da ideia de estupidez, pois esta última é deformação do comportamento.

Teoria da imagem

A imagem pode ser real ou ilusória, a depender dos olhos de quem a observa.

Imagem real parece ter vida, enquanto a ilusória é sem nitidez e geralmente passageira.

Muitas imagens marcam registro na memória. Assim, sempre é possível se projetar algo que pode ser real ou imaginário.

Teoria da importância

Tudo no universo é importante, mesmo que aparente não ter significado. Uma flor murcha, um galho seco, uma pedra no chão, tudo isso tem um valor subjetivo.

Quando temos as coisas em abundância, geralmente damos pouco valor ao que nos parece existir em demasia. Todavia, quando percebemos que existe carência daquilo que necessitamos muito e encontramos um pouco disso que falta, é quase inevitável atribuirmos muito valor a esse achado.

A importância das coisas só é percebida quando surge uma grande necessidade, porque somos pouco motivados a valorizar algo que não sentimos falta.

Teoria da impossibilidade

Verdades absolutas podem ser questionáveis diante da lei das probabilidades existenciais. Se alguma coisa se revela ser impossível para os seres humanos, perante o universo essa impossibilidade não existe, pois para o Criador tudo é possível. A natureza nos proporciona amostras diárias dessas possibilidades. Já é admissível o ser humano adentrar e conhecer o fundo do mar. Este é um exemplo de como alguma coisa tão difícil no passado poderia, naquele tempo remoto da história da humanidade, parecer impossível de acontecer. Também era praticamente improvável que alguém pudesse chegar à Lua, mas esta crença já está superada.

Teoria da imprevisibilidade

Não há como saber o que o que poderá acontecer nos próximos trinta minutos. Tudo é incerto e indefinível nas leis universais. As previsões, quando anunciadas com alguma clareza, são apenas possibilidades de acontecimentos aparentemente prováveis, mas que dependem de outras ocorrências para que possam se concretizar.

Não é possível prever com absoluta certeza se vai chover em determinado dia, por mais que exista indicação nesse sentido. Somente após a chuva cair é possível afirmar que ela aconteceu. Essa tese é considerada absolutista por alguns estudiosos, mas tem algum fundamento. Acreditar que é possível prever com exatidão é aceitar a ideia de que somos capazes de ver o futuro.

Teoria da impureza

É aceitável admitir que tudo que existe no mundo é impuro, no sentido material. Sempre há corpos invisíveis em um corpo aparentemente puro. Eventuais fragmentos existentes em um componente físico podem ser vistos com auxílio de modernos e sofisticados equipamentos.

A água, por mais pura que pareça, precisa de elementos invisíveis para torna-la saudável e preciosa.

Do ponto de vista religioso, a impureza está relacionada ao pecado, à mácula e à falta de pudor.

Teoria da imutabilidade

O que está para acontecer certamente não será mudado, desde que haja uma causa determinante incontrolável para isto. Tudo pode estar absolutamente definido, do ponto de vista de uma visão mais ampla e baseada na concepção da real existência de uma força Superior.

Eu passei a acreditar em imutabilidade a partir de alguns eventos que aconteceram comigo durante vários anos. Eles deixaram alguma lição para mim. Não sei exatamente se este é o termo mais apropriado, mas imagino ser impossível alguém mudar o que vai acontecer, senão por intermédio de alguma força poderosa, oculta ou visível, e totalmente alheia à sua vontade. Acredito nessa força Superior e não fico mais indeciso ou inseguro em relação a esta crença.

A partir de um determinado dia passei a observar muitos fatos intrigantes que aconteceram também com outras pessoas e que me chamaram a atenção. Fiquei tentando compreender a razão de tais acontecimentos ocorrerem daquela forma, e procurei pensar da maneira mais lógica e racional possível para encontrar alguma justificativa. Mas não achei a explicação que esperava obter.

Do ponto de vista da lógica e da razão foi difícil entender o que realmente acontecia em cada situação, pois eu não conseguia encontrar uma resposta satisfatória que me explicasse a origem daqueles fatos. Imaginar que os acidentes acontecem tão somente por descuido, ou por falta de prevenção, é simplificar demais o raciocínio e dificultar a aceitação dos fatos. Atualmente, quando algo muito sério acontece comigo já tenho, por hábito, o pensamento de que foi para ser daquele jeito. Geralmente, são acontecimentos que não dependeram de uma atitude preventiva ou de um cuidado maior para evitar o ocorrido. Refiro-me a fatos isolados ou então conectados que poderiam aparentemente ser evitados, mas que simplesmente aconteceram e tiveram reflexos positivos ou negativos em minha vida. Acredito, por convicção, que muitos desses acontecimentos foram positivos para minha evolução espiritual e para que eu pudesse compreender melhor as leis do universo.

Se uma pessoa que passeava por um jardim, distraidamente, fosse atingida por um helicóptero que não estava naquela rota, isto seria tão inexplicável quanto alguém sofrer um grave acidente de avião e sair ileso. Esses exemplos de acontecimentos povoaram a minha memória e passei a refletir sobre quais foram as reais causas de cada evento. Constatei ainda que os acontecimentos impactantes não se repetem de modo igual e por isso, a partir dessa lógica de raciocínio, passei a aceitar a imutabilidade como algo fundamental para a compreensão do que aparenta ser inaceitável.

Teoria da incapacidade

Admite-se que temos capacidade para muitas coisas e que somos incapazes de realizar tantas outras.

Incapacidade, no sentido de inaptidão, é algo superável. Incapacidade decorrente de limitações físicas, também é passível de superação.

O que pode ser irreversível é o bloqueio mental, por impregnação de ideias construídas propositalmente de maneira equivocada.

Teoria da incerteza

Tudo é tão incerto quanto imprevisível. A incerteza não deve ser confundida com a eventual ausência de decisão, gesto de insegurança ou inércia para a busca de solução. Estas hipóteses são situações com características individuais.

A incerteza, do ponto de vista filosófico, diz respeito à impossibilidade de se poder afirmar algo com base na expectativa de acontecimentos do futuro.

Teoria da ineficácia

Tudo que não produz resultados, positivos ou negativos, desejados ou indesejados, é ineficaz.

Alcançar objetivos sem precisar escolher a perfeição é a opção que se opõe à ineficácia.

Há pessoas que pretendem fazer tudo quase perfeito e tronam-se ineficazes, pois não atingem o mínimo que poderia ser razoável.

A vontade determinada para se fazer o ótimo torna difícil a possibilidade de se atingir o bom ou o satisfatório.

Teoria da informação

Na concepção existencialista da vida moderna, somos todos movidos por informações. Estas informações podem ser boas e ruins. As boas nos ajudam a viver melhor, mas as ruins nos desviam para outros caminhos.

Descobrir, e seguir, as boas informações é uma escolha sábia que permite o crescimento espiritual.

Teoria da inteligência

Todos os animais são dotados de alguma inteligência. Cada um em seu universo e com suas próprias limitações.

Os seres humanos são considerados animais racionais, dotados de inteligência cognitiva. Contudo, o instinto humano parece ser muito mais próximo à total irracionalidade.

Teoria da intenção

É válido afirmar que a intenção vale mais do que a ação em si. A pessoa bem-intencionada não sente remorso por eventuais erros cometidos involuntariamente, pois a sua alma e o seu coração estarão sempre em paz.

Quem pratica ações com boas intenções não será jamais vítima de remorso ou de arrependimento.

Teoria da intensidade

Não é a intensidade que define o êxito em uma batalha. A estratégia da luta é mais importante do que a força utilizada. O que é intenso em um ambiente impróprio torna-se ineficaz.

Do ponto de vista existencialista, viver a vida intensamente não significa ter felicidade. Aqueles que contemplam mais são dotados de outros níveis de satisfação que não se confundem com os hábitos de quem vive a vida com intensidade.

Teoria da invenção

Tudo que se apresenta como novo é considerado uma invenção. Entretanto, questiona-se se essa descoberta não seria tão somente o retorno de algo que já existia e que estava oculto aos olhos do inventor.

No conceito filosófico da criação, considera-se que nada se cria, mas tudo se copia. Esta concepção descaracteriza a ideia de que podemos inventar alguma coisa.

Teoria do julgamento

Julgar é formar juízo de valor antecipado sobre uma ação ou um comportamento questionável ou então inadequado.

Não há julgamento perfeito, pois quem julga está distante do propósito de quem está sendo julgado.

Teoria do justo

Sempre é possível se combinar tudo antes de tomar qualquer decisão individual. Esta seria a melhor forma de convivência e a grande chance de não haver injustiças.

Acontece que mesmo quando tudo está aparentemente combinado, alguém desconsidera aquilo que ficou estabelecido e isto gera conflitos de relacionamentos.

Para ser justo é preciso ser aceito por todos que estão envolvidos na situação, independentemente do nível de subordinação ou do grau de afinidade que possa existir.

Teoria da leveza

Ser leve é não transportar ou então não guardar nada além do necessário para a viagem da vida. Eis a filosofia dos sábios.

Quem ver a vida como uma viagem, com destino certo, não deve deixar que o peso acumulado ao longo da vida atrapalhe o percurso a ser realizado.

Filosoficamente, diz-se que a nossa mala deve estar sempre pronta para a hora da partida e que essa mala deve ser muito leve, para não atrapalhar a viagem.

Teoria da liberdade

O livre arbítrio é considerado a maior dádiva do Criador. Mas a liberdade foi mal interpretada pelos seres humanos e ela passou a ser monitorada, para que as pessoas verdadeiramente livres possam usufruir dessa bondade da vida.

Do ponto de vista religioso, admite-se que o Criador dotou suas criaturas de plena liberdade e que foi a partir do mau uso dessa prerrogativa que surgiu o pecado original. Todavia, a opção de tirar a liberdade dos seres humanos frustraria os planos do Criador.

Teoria da luz

A luz é um estado de claridade e iluminação permanente desde a criação do mundo. Não é um momento de aparente visibilidade, porque a luz nunca se apaga. O que se apagam são os olhos daqueles que não conseguem mais vê-la.

Se pensarmos no Sol como principal fonte de luz do planeta Terra, percebemos que ele está sempre iluminando algum lugar. Se não fosse o movimento de rotação da Terra, não haveria noite onde o Sol estivesse presente. Haveria sempre dias de luz e claridade.

Teoria da maldade

Ninguém nasce com tendência ou com vocação para praticar o mal. Acredita-se que esse é um sentimento adquirido ao longo da vida, em decorrência de diversos fatores que a essência da natureza humana não consegue explicar.

Se desenvolvermos a prática da bondade, sempre praticando ações para promover o bem-estar do próximo, dificilmente teremos chances de recorrer à maldade como forma de eventual defesa.

Em religião admite-se que a maldade é decorrente de uma força poderosa que se apossa da alma de uma pessoa e através dessa pessoa esta força pratica o mal. Quem ora com fé pode se livrar dessa força maligna e consegue livrar-se da possibilidade de praticar o mal.

Teoria da memorização

O cérebro é considerado o comando central do corpo humano. Nele está contida a memória, que funciona como um dispositivo de armazenamento permanente de informações.

Perder a memória é como perder o chip de um aparelho celular que contém muitas informações, sendo que este último é de fácil recuperação, pois pode estar armazenado em outro local e ser recuperado mediante a restauração dos arquivos.

Os humanos são um pouco parecidos com as máquinas que eles mesmos inventaram. Apenas esquecem-se de fazer com sua memória o que fazem com os arquivos das máquinas: um back-up de segurança para restaurar algumas lembranças eventualmente esquecidas ou então perdidas.

Teoria do mistério

Todos os acontecimentos significativos são misteriosos até que se descubra a sua causa original. A vida dos seres vivos em geral é um enorme mistério, pois não há uma explicação convincente que possa os dar certeza sobre a verdadeira origem de todos os animais do Planeta.

Do ponto de vista filosófico, o mistério faz parte da enigmática criação do universo.

Em religião, os mistérios estão relacionados a dogmas que a razão humana não consegue compreender.

Tudo que é aparentemente oculto ou inexplicável é considerado misterioso.

Teoria do movimento

A ideia de evolução continua e a certeza das mutações dos fatos nos permite afirmar que tudo muda de lugar e de posição constantemente. Nada é estático no universo e este conceito também se aplica a tudo que há no nosso Planeta.

Teoria da mudança

Vivemos em constante movimento, tanto os seres humanos quanto a própria natureza.

Compreender o significado dessas transformações requer um exercício profundo e complexo.

Quem não compreende o sentido das mudanças, não aceita a evolução do mundo e acredita que somos apenas o que somos. Ser mutável é ser vivo, ter vida. Manter-se estático ou inerte é não perceber o movimento do mundo e o percurso da vida.

Teoria da necessidade

Traduzir a necessidade é uma reflexão complexa, pois somos movidos por várias carências.

As necessidades fisiológicas são as que mais se sobrepõem em nosso dia a dia, mas a necessidade de ter paz, tranquilidade e bem-estar emocional domina nosso sentimento de felicidade ou de infelicidade.

Se mantivéssemos nossos planos de vida baseados em atender as necessidades mínimas para sobreviver, talvez sofrêssemos menos e nos confortássemos mais com o pouco que fosse conseguido a cada dia.

Quando o desejo se manifesta em forma de necessidade, nós somos impelidos a buscar aquilo que efetivamente não precisamos, mas queremos ter apenas para saciar nossos desejos.

Teoria da negação

Negar é recusar algo que não aceitamos. Quando negamos estamos contrariando alguma vontade, própria ou de alguém.

Em filosofia a negação pode ser considerada uma reação instintiva que reflete uma insatisfação ou um medo específico.

Em religião considera-se um ato de traição, quando Cristo foi provocado a ser reconhecido por um de seus apóstolos que o negou três vezes antes de o galo cantar.

Teoria da obediência

Não há submissão onde há obediência. Os filhos não são submissos aos seus pais porque obedecem a eles. O seguidor não é submisso por aceitar a orientação do seu guia.

Quando todas as pessoas compreenderem o significado da obediência, não há dúvida de que a convivência entre os humanos será mais harmoniosa.

Em religião, obedecer às leis da criação é agir de acordo com a orientação e o comando do Criador.

Teoria da ocultação

Tudo que parece ser oculto aos olhos dos homens é visível aos olhos do Criador. Por mais que alguém deseje ocultar uma verdade ela jamais deixará de ser verdadeira.

Quem oculta para fugir da realidade acredita que mais ninguém vai perceber o fato, mas essa é uma falsa impressão porque, em tese, nada que acontece na Terra é oculto.

Teoria da oportunidade

Temos muitas chances na vida e, se conseguimos realizar um plano é porque soubemos fazer bom uso das oportunidades que tivemos.

Em filosofia diz-se que as oportunidades são para todas as pessoas, mas na vida real há os que atrapalham os caminhos de outros de alguma maneira, frustrando esse conceito filosófico. Contudo, se a chance for do verdadeiro merecedor não adianta colocar pedras no caminho, pois elas serão removidas pela lei da providência e da sabedoria universal que rege as relações conflituosas entre os seres mortais.

Teoria da opulência

A natureza é abundante em muitas riquezas, porém só disponibiliza aquilo que é necessário para os que precisam.

Os homens que tentam arrancar à força aquilo que deveria permanecer onde surgiu um dia. Quando isso acontece, a natureza demonstra sua opulência de forma vigorosa e transborda em excesso aquilo que ela deixava fluir de forma natural.

Teoria da ordem

Tudo estaria na mais perfeita ordem se nada fosse alterado de seu lugar por meio da intervenção humana.

Mas há muitas pessoas que não sabem onde é o lugar e o tempo de nada e, assim, colocam essas coisas fora de ordem.

A ordem social, por exemplo, não é mesma ordem que define os rumos da natureza. Quando esse antagonismo se aprofunda demais prevalece a lei do Criador, que restabelece tudo para seu devido lugar.

Teoria da ostentação

Vangloriar-se, demonstrar soberba no comportamento, e ser arrogante é o sintoma mais evidente de graves distúrbios de personalidade que se manifestam em uma pessoa.

Aqueles que ostentam não percebem que provocam os que não podem ou não desejam se comparar com eles.

Ser discreto é não revelar para outras pessoas aquilo que não somos de verdade para nós.

A simplicidade é a melhor maneira de diminuir a ânsia de aparentar ser mais importante do que de fato é.

Teoria da paz

Não teremos paz se não formos capazes de desistir de lutar. Mas para desistir de lutar é preciso não ser agredido, ofendido, humilhado e provocado. A forma de lutar é que vai definir como serão travadas as batalhas e quem poderia ser o vencedor.

Paradoxalmente, a guerra provoca o desejo natural de alcançar a paz por causa das angústias e das dores que ela produz.

Teoria do perdão

A aceitação e a tolerância às frustrações são os melhores meios de exercitar o perdão.

Em religião, perdoar é absolver do pecado alguém que se arrepende verdadeiramente.

O perdão é um gesto de imensa grandeza e de muita sabedoria, pois sem compreender e sem aceitar os erros alheios não há como perdoar alguém.

Teoria da perpetuação

A vida dos seres vivos que habitam a Terra será sempre perpétua, pois, na condição de espécie animal, todos foram destinados para isto.

Em religião a perpetuação é o caminho de volta para a vida eterna, que acontece após a morte.

Teoria da pobreza

Não ter o necessário para viver não é um plano que existe na lei do universo. A lógica mais simples nos direciona para a crença de que ninguém deveria viver na pobreza, porque há abundância de tudo no mundo.

O estado de pobreza é um distúrbio originado por classes sociais. Esse abismo não deveria existir, pois ele representa uma agressão às leis da natureza e aos planos do Criador.

Do ponto de vista filosófico, ninguém é pobre por completo. A pobreza absoluta diz respeito tão somente aos bens materiais e esses bens são substituíveis.

Em religião, a pobreza é um indicador de leveza da alma, pois não somos donos de nada que está disponível no universo. Somos apenas seus usuários temporários.

A vida em abundância só acontece na plenitude da alma quando desprezamos tudo que não é necessário para ela. As necessidades fisiológicas (comer, beber e atender ao corpo físico) podem ser supridas com menor esforço, porém a necessidade espiritual não se preenche com facilidade.

Teoria da possibilidade

Quando tratamos sobre acontecimentos ou fatos do cotidiano, admitimos que, em princípio, tudo é possível no mundo.

Qualquer coisa que pareça muito difícil pode ser apenas pouco conhecida ou pouco experimentada.

Não se sabe exatamente quais são os limites dos seres humanos na Terra e quais são os limites da natureza em relação a eles. Apenas enxergamos aquilo que os nossos olhos alcançam e sabemos um pouco daquilo que tomamos conhecimento.

Ao longo da história da humanidade quando um novo invento era descoberto, não se imaginava antes sobre a possibilidade daquela existência.

Do ponto de vista da filosofia, as possibilidades são sempre relacionadas às probabilidades. Isto sugere que algo que é possível de acontecer pode ser que jamais seja descoberto.

Quando pensamos em comunicação entre pessoas, por meio de um simples aparelho celular, podemos admitir e aceitar a tese de que em um futuro próximo teremos chances de nos comunicar telepaticamente, sem nenhum equipamento para intermediar a transmissão de ideias, pensamentos e palavras.

Teoria da posteridade

Tudo que acontece no presente servirá de referência para as gerações futuras. Se não cuidamos bem do hoje não poderemos cobrar um futuro melhor. As questões ambientais dos dias atuais serão os principais motivos de discussões sobre o tema no futuro.

Se deixarmos um legado positivo para as gerações do futuro, seremos lembrados e exaltados por nossas atitudes. Mas, independentemente da relação de proximidade e do vínculo, se deixarmos um legado negativo seremos culpados pelos reclamos daqueles que chegarão depois.

Teoria da predominância

A predominância entre seres e coisas naturais sempre existiu e continuará existindo. Esta é a lei mais complexa e mais verdadeira do universo. As águas predominam sobre as terras e isso não é fácil de se perceber porque temos pouca noção da imensidão desse precioso líquido. Isto não assegura tranquilidade para o futuro em relação a sua disponibilidade, pois os humanos podem estar degradando os recursos naturais em sua forma mais original e comprometendo sua qualidade na forma essencial.

A predominância dos animais no planeta é dos seres humanos, até prova em contrário. Todavia, o que se verifica de inadequado é o excesso de uso dessa predominância. Isto resulta no comprometimento de outros seres que habitam o mesmo lugar e o mesmo espaço planetário.

Se um grupo de criaturas polui ou destrói uma fonte que serve a vários outros grupos, isto poderá ter reflexos imprevisíveis para aquele grupo que predomina, mas que não pode viver e usufruir sozinho de um ambiente que foi concebido para todos.

A vida na Terra está apontando para esse conflito de predomínio entre raças e povos, e só será possível avaliar os resultados quando houver uma reflexão mais lógica e mais racional sobre isto.

Teoria da probabilidade

Temos possibilidade de fazer muitas coisas na vida, mas a probabilidade de algo ser realizado quem define é o contexto. A chance de alguma coisa acontecer da forma esperada ou desejada não depende de nossos esforços, mas de uma série de fatores conexos que poderão interferir de forma positiva ou negativa.

Admite-se que existe a possibilidade de um asteroide colidir um dia com a Terra e destruir tudo, mas não se pode definir a probabilidade real desse evento da natureza.

As possibilidades são situações que geram expectativas, enquanto as probabilidades são evidências mais próximas da concretização da realidade.

Teoria da proporcionalidade

Tudo é proporcional em todos os sentidos. Não há dor que não possa ser suportada, da mesma forma que não há alegria que possa refletir a felicidade plena de uma pessoa.

Nas leis do universo, conhecer a relação de proporção é poder avaliar a capacidade de suportar algo. Todas as pessoas têm seus limites proporcionais às suas crenças, esperanças, lutas, condição física e seu estado psicológico. Os fortes fisicamente podem ser muito fracos espiritualmente.

Teoria da prosperidade

As oportunidades que a vida apresenta não se traduzem sempre em prosperidade. Prosperar pode ser um exercício e um aprendizado, mas pode ser também uma dádiva.

A prosperidade atua em diversos campos. O mais desejado é o campo espiritual, haja vista que no plano material é possível se adquirir bens em um prazo muito curto. A riqueza espiritual depende de evolução contínua e esta evolução não se consegue em curto prazo.

Teoria da pureza

Acredita-se que não há nada completamente puro, porque a pureza é sempre relativa.

A água é um precioso líquido para a vida, mas se ela fosse completamente pura não seria tão útil para a nossa sobrevivência.

Em filosofia admite-se que a pureza representa o estado mais evoluído do ser humano. Esta pureza está refletida no comportamento e no propósito.

Em religião, a pureza define o estado imaculado da alma.

Teoria da qualidade

A percepção de que algo tem qualidade depende muito da ótica de quem a observa. O que apresenta alguma qualidade para uns, não tem o mesmo significado para outros.

Do ponto de vista material das coisas, a aparência de superioridade não reflete necessariamente que algo que é muito bom. O gosto ou o sabor também não são indicativos de qualidade.

Em filosofia a qualidade é considerada uma característica do perfil humano, na avaliação de sua conduta e de seu modo de se relacionar com o próximo.

Teoria do quando vai acontecer

O maior mistério da vida é o futuro. Quando nascemos, temos a certeza que a partir desse momento tudo pode acontecer conosco, mas não sabemos quando e onde.

Essa impossibilidade de saber o que vai acontecer nos próximos trinta minutos deixa muitas pessoas inquietas e ansiosas. Se essas pessoas fizessem uma projeção de vida a cada dia elas diriam que esperavam viver por mais tempo, mas não saberiam informar quanto seria esse tempo.

As pessoas trabalham com datas futuras e projetam essas datas com expectativa de alcançá-las. Se fosse possível projetar vários anos em um determinado dia o nível de ansiedade dos seres humanos seria muito maior e as inquietações também.

Teoria da quantidade

Somente as pequenas coisas podem ser mensuradas quantitativamente, desde que seja possível conhecer o marco inicial e o ponto final.

O universo não tem início e não tem fim. Isso revela mais um mistério do Criador. Tudo que há na natureza não pode ser quantificado. As plantas, as estrelas, os grãos de areia, as águas dos rios e mares e tantas outras coisas são inesgotáveis e incalculáveis.

Este enigma reflete a grandiosidade do mundo e suas complexas relações com os seres humanos.

Teoria da quietude

O bem-estar físico e o conforto espiritual são oportunidades para a alma alcançar o seu estado pleno. Para atingir este nível essencial o corpo e a mente precisam de quietude.

Não é possível alcançar esse objetivo em ambientes sonoros barulhentos, posturas extravagantes e pensamentos confusos. Por esse motivo, as pessoas que buscam a quietude da alma devem procurar locais apropriados para permanecer em meditação profunda.

Teoria da relatividade

Todas as coisas e acontecimentos estão condicionados a outras coisas e a outros acontecimentos. O bem só existe porque podemos conhecer o efeito do mal. A felicidade de alguém pode significar o sacrifício de outra pessoa. O que achamos bom em um momento poderá ser um grande mal no futuro.

O que não é relativo se transforma em absoluto e o absolutismo, em todas as suas formas, é sempre contestável.

Teoria da renascença

Afirmar que nascemos pode ser uma forma de ver as coisas. Não temos a certeza de que esta é nossa primeira experiência de vida.

Do ponto de vista da filosofia, nada é novo, pois tudo é recriado ou nascido outra vez.

Em filosofia, renascer para a vida é começar uma nova experiência a partir de mudanças significativas.

Historicamente a ideia de renascença surgiu com o movimento que se espalhou na Europa e que teve como principal característica a transição do feudalismo para o capitalismo.

Em religião, renascer é admitir ter a oportunidade de uma nova vida a partir da morte do corpo físico.

Teoria da renúncia

A busca obsessiva por poder ou por novas conquistas pode levar o ser humano a um sacrifício muito grande. Este sacrifício só seria aceitável se o propósito para esta busca fosse uma causa digna e justa.

Poder e posição social são situações efêmeras e transitórias, pois não há poder que se sustente por toda a vida e também não há posição social que não seja modificada um dia.

Os grandes vultos históricos deixaram seus registros, mas não puderam continuar vivendo eternamente com as suas glórias e as suas conquistas. De alguma forma eles perderam poder e bens.

Do ponto de vista religioso, admite-se que existe renúncia quando alguém entrega a própria vida nas mãos do Criador e pede que seja feita a Sua vontade.

Abrir mão dos desejos e vontades para aceitar a vontade do Criador é um gesto de renúncia praticado por poucos. Os anseios da vida material têm prevalecido mais do que a evolução espiritual.

Teoria da resistência

A ordem natural das coisas não provoca nenhuma resistência, mas a intervenção dos homens resulta nesta forma de reação. Resistir é não aceitar, de algum modo, aquilo que pode ser desfavorável a um grupo de pessoas ou então a um indivíduo isoladamente.

Em teoria das organizações define-se resistência como uma forma de não aceitar as mudanças necessárias, porque muitos indivíduos envolvidos no processo não concordam ou não permitem que essas mudanças sejam implementadas.

Em medicina, a resistência se refere ao estado do organismo que está sob alguma ameaça e consegue reagir positivamente, combatendo o mal que tenta se instalar em forma de doença ou combatendo os organismos que provocam este mal.

Em psicologia a resistência é uma forma de defesa do inconsciente que percebe uma ameaça ao estado de conforto em que o indivíduo se encontra. Esta ameaça é confundida muitas vezes como perda de oportunidade e de evolução para melhoria.

Se tudo de positivo que aconteceu no mundo não tivesse rompido ou superado as resistências que surgiram, provavelmente estaríamos vivendo em um mundo não evoluído, do ponto de viste das novas descobertas e do progresso da ciência e da tecnologia.

Teoria da ressonância

Todos os movimentos são o resultado de alguma ação espontânea ou provocada. Isso tem repercussão no espaço e no ambiente terrestre.

No mundo de hoje uma conversa amistosa e sem qualquer importância pode ser recuperada a qualquer tempo no futuro, pois essas palavras ficam soltas no ar por prazo indefinido.

A luz gerada por qualquer tipo de energia e o som obtido por qualquer meio de repercussão são geradores naturais de ressonâncias elétricas e sonoras.

As leis do universo são espetaculares no que diz respeito aos fenômenos naturais e artificiais que podem ser repercutidos em qualquer tempo e em qualquer lugar.

As descobertas de novas tecnologias ampliaram o uso da energia e do som para se obter significativo avanço no campo da medicina, da comunicação entre os povos, do trabalho doméstico e tantas outras formas de produzir.

Teoria da reverência

Devemos admitir que somos realmente seres inferiores, quando comparados à grandeza do universo. Quando aceitamos isto de forma consciente nossa reação e prestar reverência ao que nos impõe esta condição. Sem precisar ter sentido de submissão, o reconhecimento da grandeza de um Ser onipotente e onipresente nos conforta a alma e nos conduz a reverenciar este Ser.

Historicamente, todos os seres racionais prestam reverência a algum ser Superior de sua livre crença. Estes valores são herdados dos seus ancestrais e não causam qualquer prejuízo, desde que não se transformem em gestos fanáticos e extravagantes.

A reverência é um ato de respeito e de reconhecimento que move aqueles que são conduzidos pela boa fé.

Teoria da riqueza

A natureza proporciona toda riqueza necessária para a vida dos seres humanos e de todos os outros animais que habitam o planeta Terra. O excesso de concentração de bens materiais em poder de poucos e o aumento da demanda por esses bens transformam a riqueza natural em pontos de conflitos.

Não é preciso ser rico para ser feliz, mas a cultura do ter e a inquietação de não passar por eventuais privações levam os humanos a cometer exageros em busca da acumulação de bens.

Teoria da rotatividade

A natureza estabelece um critério simples para demonstrar sua supremacia: muda de ação e de lugar sem avisar a época.

Quando vemos as alterações climáticas do mundo atual não conseguimos entender muitos acontecimentos que aparentam ser estranhos, mas a lógica de que tudo muda de lugar sempre pode explicar esses fenômenos da natureza.

Talvez daqui a alguns milhares de anos tudo esteja conforme foi um dia em sua forma original. O que hoje se apresenta como progresso da humanidade poderá ser considerado algo muito parecido com os dinossauros da pré-história.

Teoria da salvação

Um naufrágio é um acidente imprevisível, pelo menos a partir de um conceito de normalidade durante uma viagem de navio. Quando um barco ou um navio afunda, algo de errado aconteceu em sua estrutura física ou um movimento externo de grande proporção provocou o estrago.

Do ponto de vista filosófico, a salvação depende de cada pessoa e de seus valores e crenças. Acreditar que está em boa proteção é uma forma de sentir-se salvo.

Em religião, muitos conceitos são admitidos para o termo salvação. Redimir-se dos pecados, ter plena aceitação do Criador como fonte de toda bondade e respeitar às leis do universo, são atitudes que podem salvar aqueles que se sentem perdidos.

Os apelos religiosos orientam para que as pessoas mudem seus maus hábitos para obter a salvação. Essa teoria fortalece o resgate daqueles que buscam uma saída para seus momentos de aflição e que decidem conseguir na fé a superação de sua agonia.

Teoria da saudade

A presença física tem o poder de acalantar a alma e silenciar a saudade. Este sentimento é um reflexo psicológico de nossa alegria em virtude da proximidade de alguém que amamos.

Saudade sugere distanciamento temporário ou definitivo. Ter saudade é sentir falta de alguém ou de algo muito importante em nossa vida. Podemos sentir saudade de uma pessoa da mesma forma que é possível sentir saudade de uma época ou de um lugar.

Não sentir saudade é fechar as portas do tempo e do coração para não permitir que bons momentos retornem em forma de boas lembranças.

Teoria do ser

A essência da vida é o ser. Ser é existir e apresentar-se como efetivamente é. Ser é matéria e é espírito.

Em filosofia, ser é tudo além dos bens materiais. Ser é um estado incondicional que não pode ser modificado por ações exteriores. Somos o que somos e não o que queremos que sejamos.

Teoria da simbiose

As pessoas, da mesma forma que os outros animais, podem viver no mesmo ambiente se elas se dispuserem a compartilhar dos benefícios proporcionados e tolerar as prováveis dificuldades que surgem. Quando existe competição nesse ambiente, a possibilidade de alguém se privar de um possível benefício ou então fugir das eventuais dificuldades aumenta consideravelmente.

A natureza vive em perfeita simbiose com seus beneficiários. O limite dessa convivência é o respeito a tudo que o Criador disponibilizou na forma natural. Tentar alterar o ciclo de vida dos vários organismos existentes na natureza pode comprometer continuidade da vida de todos os seres que habitam o nosso Planeta.

Teoria da simplicidade

Ser singelo não compromete a personalidade e não reflete pobreza de espírito. A simplicidade cabe em tudo e não diminui o valor de quem pratica esse gesto.

Em religião, a simplicidade é a essência da pureza da alma humana e a demonstração de total desapego às coisas artificiais que tentam encantar através da aparência.

Teoria da sinceridade

Se a verdade fosse a única forma de revelação possível, não haveria possibilidade de alguém ter dúvidas. Quando lidamos com a sinceridade percebemos que é possível ser verdadeiro sem ter que temer por isto.

Palavras podem parecer sinceras, mas não são suficientes para fazer alguém acreditar. As atitudes são mais expressivas do que as vozes e as aparências.

Teoria da solidão

Há quem perceba sua vida melhor vivendo na solidão, pois essa pessoa acredita que está preparada para ser sozinha. Mas há muitas formas de solidão que não são visíveis por todos que estão próximos daqueles que estão sozinhos.

As pessoas fortes de espírito e de alma iluminada não percebem a presença da solidão, porque sentem que estão sempre em companhia de alguém.

Solidão é também uma forma de sentir medo, pois sempre admitimos que podemos precisar de alguém para nos ajudar em eventuais momentos difíceis. Mas a verdadeira solidão pode se manifestar em um ambiente coletivo, porque é a mente que produz este sentimento de isolamento.

Do ponto de vista religioso, se a alma não se sente sozinha, o corpo não percebe a falta de nada.

Teoria da solução

A possibilidade de algo dá errado sempre existe, mas isto é compensado pela mesma possibilidade de se encontrar a solução para cada problema que surge.

Uma dificuldade, um problema pontual ou uma adversidade de aparente complexidade sempre será um evento transitório, porque já se admite, sob a ótica da filosofia e da fé, que nada dura o tempo todo e no final a solução sempre aparece.

O que não é possível se conhecer antecipadamente é a solução a ser apresentada, mas ela existe de algum modo e será adotada no momento propício.

Teoria da sorte

Há dois modos de ver a vida: aquelas pessoas que acreditam em sorte e outras que acreditam em azar. Estes conceitos são antagônicos e dependem muito das circunstâncias em que são analisados e da combinação de fatores envolvidos na análise.

Se alguém joga em loteria e ganha uma fortuna, isto não caracterizaria uma situação de sorte enquanto não forem conhecidos todos os eventos subsequentes a este fato. Se esta pessoa decidisse fazer uma viagem internacional por conta de parte do prêmio recebido e o avião sofresse uma pane no ar e explodisse, o que teria sido sorte no primeiro momento passaria a ser um grande azar na vida daquele ganhador do prêmio milionário.

Da mesma forma, o azar ou então a má sorte, não pode ser considerada enquanto não for possível saber o desfecho final do episódio que foi assim considerado.

A discussão sobre a concepção de sorte ou de azar é antiga e bastante confusa. Sempre há pontos de vista diferentes e a conclusão sobre o tema fica a critério de cada pessoa.

Em filosofia admite-se que tudo tem conexão, desde que seja possível observar a sequência dos acontecimentos e a relação entre o início, o meio e o fim desses eventos.

Teoria da superação

As pessoas precisam sempre de ajuda de outras pessoas, mas às vezes não conseguem obter essa ajuda.

Quando estamos sozinhos devemos contar somente com nossa força de vontade, crença e determinação para superar eventuais dificuldades.

Superação é determinação, força interior, razão e, acima de tudo, exercício de fé. A vontade de lutar pela vida e a convicção de que tudo pode passar é a forma mais positiva de alguém conseguir superar uma situação crítica.

Em psicologia, admite-se que superar é lutar intensamente com as próprias forças e conseguir vencer todos os obstáculos que possam surgir durante o percurso da vida.

Teoria da superstição

A falsa impressão de que existem situações prováveis que podem causar grandes mazelas é uma interpretação equivocada da crença popular e de seus seguidores.

O falso temor decorrente dessa crença pode ser resultante da ausência de fé religiosa ou de um comportamento psicológico distorcido.

Teoria da sustentabilidade

A vida dos seres humanos depende da vida de outras espécies que habitam o Planeta e dos recursos naturais nele existentes. Os rios, os lagos, as florestas e tudo que compõem a natureza são fontes de vida para as pessoas e para os demais seres vivos da Terra. O conceito de biodiversidade compreende a existência harmoniosa entre as espécies de seres vivos e de seus ecossistemas.

Se os homens não cuidarem da sustentabilidade de suas fontes de recursos naturais, provavelmente sentirão os efeitos negativos de uma futura escassez desses recursos. Onde se tira algo deve se repor sempre, para que haja continuidade do ciclo natural das vidas envolvidas e para que não se desperdice ou desproteja aquilo que nos é dado de graça pela natureza.

Teoria do tempo

O tempo é universal e sua contagem é definida por uma série de instantes ininterruptos. Um dia começa a ser contado a partir do primeiro segundo.

Em religião o tempo reproduz uma época em que aconteceu um fato ou em que viveu uma personagem da história.

Em filosofia credita-se ao tempo a solução para todos os problemas, pois se admite que nada é eterno ou que nada dura para sempre.

A dor e o sofrimento precisam de um tempo para curar e esta expectativa deve servir de alento para aqueles que acreditam e esperam por esse momento.

Teoria da tendência

Se um fato acontece repetidas vezes, durante vários dias, isso revela uma tendência. Esses acontecimentos podem ser vistos na natureza de várias formas e em vários momentos. As chuvas tendem a cair mais abundantemente no inverno e as tempestades no outono e no verão.

As pessoas também seguem tendências em diversos aspectos da vida, mas de forma inconsciente e imprevisível.

A tendência da natureza é a ordem natural das coisas, enquanto a tendência humana é mutável e depende de influências externas ou de épocas para acontecer.

Teoria da tentação

O corpo, quase sempre, manifesta desejos, mas a alma reclama por outras necessidades. A diferença entre desejar e necessitar não parece tão distante, porém ela existe. Quem necessita de alimento não precisa desejar comer o que há de mais saboroso. Quem não tem fome e sente vontade de comer algo diferente pode confundir necessidade fisiológica com tentação da gula. Essas duas formas de comer alimentos é um exemplo de como é possível suprir necessidades sem modificar vontades.

Em filosofia, tentar é provocar os desejos mais profundos do corpo físico, mesmo que isso implique sacrifícios.

Em religião, diz-se que tentação é a provocação da alma que instiga uma pessoa a praticar o mal.

Teoria do ter

Acredito que tudo que pensamos a respeito da existência humana é absolutamente superficial. Penso que não somos capazes de alcançar a profundidade do existir com um simples olhar contemplativo e transitório da vida. Imaginar que os seres humanos são apenas uma sequência de nascer, crescer, envelhecer e morrer é refletir muito pouco sobre tantas outras possibilidades certamente desconhecidas por muitos e largamente admitidas por outros.

A sequência desse pensamento torna muito vaga a nossa ideia de ter alguma propriedade. Só dispomos de alguma coisa na vida se for possível ter essa alguma coisa eternamente. Do ponto de vista material, após a morte tudo vira passado e o que temos vai pertencer a outras pessoas, seja por meio de transferência hereditária ou mediante uma doação. Assim, desse ponto de vista, não somos proprietários definitivos de nada. Apenas temos a posse temporária enquanto estamos vivos. Mesmo quando formalizamos isso por meio de documentos, essa posse é apenas e tão somente enquanto durar a nossa vida carnal na Terra.

Baseado nesse pensamento, a ideia de ter ou ser possuidor, no plano material, é meramente protocolar, ou seja, os seres humanos normatizaram a propriedade de diversos bens materiais para organizar a convivência em sociedade, independente da perspectiva de continuidade ou não da vida. Aí surge o pensamento que difere conceitualmente do que é o **ter**, em relação ao que é o **ser**. Uma pessoa pode dizer que tem muitos bens materiais, mas isso significa uma posse material transitória. Por outro lado, alguém pode também afirmar que é espiritualmente evoluído e que já viveu várias vidas. Partindo de um pressuposto dessa realidade, a condição de ser evoluído espiritualmente não pode ser retirada dessa pessoa por atos normativos, chamados de leis, praticados por seres humanos em vida.

É sobre isso que devemos refletir. A essência do **ser** é muito diferente da condição do **ter**. Ser feliz é diferente de ter felicidade passageira. Ter amor por alguém é diferente de ser amor na essência da vida.

Essa é a provocação que devemos nos fazer diariamente, para que possamos nos questionar perante nossa consciência. Precisamos definir com bastante determinação se queremos **ter** ou se desejamos **ser** de verdade.

Teoria da transformação

Tudo muda sempre a todo o momento. Cada dia o universo tem uma nova forma e as vidas nele existentes são transformadas de alguma maneira.

Todos os seres vivos mudam de estado fisiológico quando chega um novo dia. Essa é uma lógica simples da lei da criação e da transformação ou mutação.

Uma criança se transforma a cada novo dia, da mesma forma que uma planta muda em seu processo de crescimento ou de envelhecimento.

Se não houvesse transformação, nada seria novo ou então velho. Tudo seria igual desde o início até o fim.

Teoria da trégua

A luta é um sacrifício em busca de uma situação de tranquilidade. Ninguém luta para ter amarguras ou porque deseja sofrer muito. Luta para obter a paz.

Quando a luta se transforma em uma atitude irracional as partes buscam ou tentam um momento de trégua.

A trégua não determina o fim da dor decorrente de lutas passadas, mas suspende temporariamente o sofrimento. Se essa trégua for seguida de um pensamento racional e humanitário ela pode se transformar em paz duradoura.

Teoria da tristeza

A aflição humana se reflete de várias maneiras. A tristeza é uma delas, pois aparenta um sofrimento ou uma angústia que se projeta sobre a mente e sobre a alma.

Pessoas espiritualmente evoluídas e fortes não sentem tristeza, pois este sentimento não cabe no pensamento daqueles que se ocupam com pensamento positivo e crença absoluta de que algo de melhor acontecerá no futuro.

A tristeza é um desencanto do momento que pode ser superado com simples olhar para o céu ou com mudança de pensamento. Pessoas tristes são também pessoas sentimentais, mas elas têm vocação para a melancolia porque não se permitem compreender que a vida não é somente para cantar e sorrir.

Teoria da urgência

Tudo tem um tempo cronometrado para acontecer. Os segundos de agora podem valer muitos anos no futuro, quando o tempo será utilizado exaustivamente para corrigir um rumo errado que foi tomado no passado.

Ter urgência para as coisas boas é cuidar bem do logo mais. Só não é possível definir o tempo do universo, pois não sabemos como acontece a contagem desse tempo. O que é urgente para os humanos pode ser infinitamente pouco para os planos do Criador.

Se soubéssemos quanto tempo dura a vida eterna, talvez não tivéssemos urgência para nada durante a vida terrena, pois não haveria essa necessidade de contagem desesperada desse tempo.

Em psicologia, diz-se que a urgência é um componente da matriz que define três estados de coisas: gravidade, urgência e tendência. A gravidade leva a uma urgência que, se não for tempestivamente observada, tende a piorar a situação. Isto se aplicaria em diversas situações do ponto de vista da vida material.

Teoria de utilidade

As pessoas sempre ficam interessadas por coisas que lhes parecem ser úteis.

Do ponto de vista da filosofia a utilidade é subjetiva, porque pode deixar de ter o valor necessário que lhe garante essa condição.

Teoria da versatilidade

Temos capacidade para realizar muitas coisas ao mesmo tempo, mas não temos sempre disposição para os desafios. Isto nos leva a um estado de acomodação ou de inércia que reduz nossas oportunidades de ser mais criativo.

Quem experimenta fazer alguma coisa diferente descobre que isto é possível e que o que motiva esta iniciativa é a vontade de querer mais e o propósito de fazer o que é possível.

Teoria da vingança

Promover um ato de vingança é tão ruim quanto praticar a própria maldade. Quem vinga é tão mau quanto que foi vingado. A nossa indignação não nos permite o direito de retribuir o mal.

Quem é ofendido não deve ofender da mesma forma, pois isto anularia a qualidade de vítima da ofensa. Seria apenas o primeiro a ser ofendido, pois em seguida ofendeu da mesma maneira ou até de forma mais contundente.

Teoria da virtude

Devemos estar dispostos a praticar o bem sempre, e evitar o mal em toda a sua extensão. Exercitar esse desejo não é fácil, mas é possível. A forma mais adequada para colocar em prática esta vontade é sempre aguardar um pouco antes de reagir a qualquer provocação física ou moral. Usar o silêncio como aliado é uma experiência muito positiva.

Em filosofia a virtude define a essência fundamental da pureza da alma humana, pois admite, em tese, que nascemos cheios de virtudes e nos esvaziamos com o passar do tempo. Só os protegidos e iluminados espiritualmente se libertam do fracasso dos desventurados.

Teoria da visão

A percepção visual é apenas um efeito da mente. Podemos ver uma imagem e projetá-la em nossa imaginação, mesmo que ela não seja perceptível aos olhos.

As recordações são exemplos de possíveis visões que a imaginação nos traz. Essas recordações provocam percepções aparentemente reais daquilo que nos vem à mente naquele momento e que é projetado em nosso imaginário.

Do ponto de vista filosófico, ter visão é enxergar além do tempo, ser visionário. Acreditar em algo que é possível e tangível é uma virtude de poucos seres humanos.

Teoria da volta

Todos os caminhos têm mão dupla. Uma linha imaginária tem início, para quem a olha do começo e tem fim, para quem a olha em seu término. Mas se as pessoas trocarem de lugar, quem a viu no início verá o fim, e vice-versa.

Na lei natural do universo tudo que vai volta, porque não há um destino infinito para nada.

Em psicologia, admite-se que a volta sempre é triunfante, pois o regresso é a certeza de que não deveria ter partido ou então foi preciso fazer isso em nome de uma grande causa.

Em filosofia diz-se que dar a volta por cima é superar a situação que aparentava ser impossível de se resolver.

Em religião, considera-se que a volta será o momento triunfante em que o Criador enviará seu Filho para a finalização de sua obra aqui na Terra, quando serão resgatados os bons e puros.

Teoria do zelo

Ser cuidadoso e praticar o bem são formas de zelar por alguém ou por alguma coisa. Quando cuidamos da natureza, também estamos cuidando de nós, de outras pessoas e dos outros animais que habitam este Planeta.

Na teoria da reciprocidade, quando praticamos uma boa ação pela natureza ela nos devolve a boa ação praticada em forma de bonança.

O zelo é uma característica de pessoas bem-intencionadas consigo mesmas, com outros seres humanos e com o universo.

Algumas invenções que mudaram o mundo

A presença dos seres vivos na Terra tem uma história bem complexa. Não se sabe exatamente quando tudo começou e não há registros confiáveis sobre a evolução da raça humana.

Desde o início da pré-história até os dias atuais houve significativa transformação em todas as áreas do conhecimento. O que se questiona com alguma razão é: por que somente nos últimos séculos foi possível se descobrir tantos inventos? O que de fato teria acontecido com os homens durante os milhares de anos que antecederam este período de descobertas fantásticas?

Estas questões provocam uma reflexão muito profunda. Somos realmente os únicos seres que habitam o universo? Há evidências que indiquem a possibilidade de outras espécies ou outras civilizações em algum lugar ainda não identificadas ou descobertas pelos cientistas?

A lógica universal é um enigma, pois não nos permite uma resposta afirmativa para todas as questões que suscitam dúvidas.

A única verdade que conhecemos no presente é que evoluímos demasiadamente em pouco mais de dois séculos, enquanto outras gerações do passado ficaram distante de todo esse conhecimento que agora possuímos. Creio que não temos resposta satisfatória para esses acontecimentos.

Se não existisse roda...

A criatividade dos seres humanos possibilitou o surgimento de muitas descobertas maravilhosas. Os inventos têm formas variadas e surgiram em épocas distintas, mas alguns deles se destacam pela conexão que ainda mantêm com a vida das pessoas e com o mundo nos dias atuais.

A roda ainda é considerada um dos principais inventos da história da humanidade, porque a partir de sua existência aconteceram mudanças em diversas áreas de atuação.

Se não existisse a roda, certamente seria difícil viabilizar a criação de automóveis, aviões, trens e tantos outros equipamentos de movimento e carga. Outros veículos mais simples, porém, muito úteis, também não teriam sido viabilizados. A bicicleta é um deles.

A roda é uma invenção milenar e imaginar o mundo sem a sua presença nos daria a sensação de enorme limitação para nossa locomoção ou para o transporte em geral.

Consta que a invenção da roda foi na pré-história, há mais de cinco milênios. A partir de sua primeira versão ela sofreu modificações que a tornaram um objeto muito útil e necessário em todos os ambientes do Planeta.

Basta relembrar ou olhar em nossa volta e veremos que não seria fácil voltar a viver sem a presença e a utilização da roda.

Se não existisse pólvora...

As grandes batalhas do passado foram travadas por exércitos de guerreiros que utilizavam armas de variados formatos. As espadas eram armas consideradas evoluídas na época dos grandes impérios.

A partir da descoberta e do uso da pólvora foi possível se desenvolver armas muito mais práticas, letais e de alcance mais abrangente.

As armas de fogo mudaram o cenário das guerras em vários continentes e, atualmente, representam grande poder bélico para exércitos do mundo inteiro.

Se não existisse avião...

Os povos e as nações ficaram mais próximas a partir do avião. De modo inverso, a segurança e a paz mundial ficaram mais distantes, pois o que veio para aproximar civilizações passou a ser utilizado também como meio de destruição.

Em séculos passados seria quase impossível um país ser bombardeado em menos de 48 horas. Atualmente este pesadelo é real e o mundo ficou mais vulnerável.

Se não existisse radar...

A detecção de objetos por meio de ondas eletromagnéticas deu origem a vários dispositivos modernos que são utilizados atualmente no mundo inteiro. A tecnologia da aviação não teria sido tão desenvolvida se não fosse a descoberta do radar.

O primeiro equipamento foi construído no início do século XX e o seu surgimento revolucionou a tecnologia e os meios de comunicação dos países mais desenvolvidos.

Atualmente, o radar ainda é o principal instrumento de controle de tráfego aéreo no mundo. É também bastante utilizado como instrumento de guerra e nas previsões meteorológicas de diversos países.

Se não existisse satélite artificial...

A visão do Planeta passou a ser holística a partir da utilização de equipamentos artificiais colocados no espaço pelo homem. O planeta Terra é visto atualmente por centenas de olhos eletrônicos que giram em sua volta.

Os satélites representam grande avanço da tecnologia e seus benefícios vão muito além da percepção dos nossos olhos. A comunicação sem fios alcançou alto nível de sofisticação a partir da utilização dos satélites.

Se não existisse energia...

A energia está presente em todos os corpos vivos. A sua origem é muito discutida pelos estudiosos do assunto, porque há várias fontes e formas de transmissão.

A descoberta da energia elétrica é atribuída a Benjamin Franklin, americano nascido em Boston no início do século XVIII.

A energia é um elemento essencial para o universo, da mesma forma que a água e ar são indispensáveis para seres vivos.

A partir de descoberta da energia grandes invenções aconteceram e nos dias atuais quase tudo depende de energia.

Se a energia não tivesse sido descoberta, muito do que existe de avanço tecnológico não teria acontecido. A vida dos seres humanos passou e ainda vai passar por profundas transformações a partir dessa descoberta. É possível constatar isso em muitos aparelhos de uso doméstico, empresarial, industrial e pessoal. A medicina, e outras áreas do desenvolvimento humano, também evoluiu bastante em decorrência do uso da energia em suas mais variadas formas de utilização.

Se não existisse internet...

A criação da internet foi um dos mais importantes acontecimentos do século vinte. Consta que a ideia inicial surgiu nos Estados Unidos e foi sendo aprimorada em várias etapas até alcançar os níveis atuais.

A internet revolucionou os meios de informação, mudou o mundo e modificou os hábitos de muitos indivíduos. Não seria exagero afirmar que há elevado nível de dependência funcional e até comportamental de pessoas que não saberiam mais o que fazer, durante o dia e a noite, se a internet deixasse de existir abruptamente. Esta hipótese é tão inaceitável como também seria inaceitável voltar a viver sem uso de energia elétrica, da maneira como viveram os nossos ancestrais há milhares de anos.

A velocidade da informação e as facilidades dos meios de comunicação, a partir de novas tecnologias, nos deixam conectados a cada minuto com qualquer parte do Planeta. Desenvolvemos hábitos antes jamais imaginados.

A internet, e também os telefones celulares, representa o que há de mais avançado em termos de comunicação entre as empresas, as instituições públicas em geral e as pessoas do mundo inteiro.

Trinta minutos

Sempre devemos ficar calmos ou, pelo menos, exercitar essa prática, porque tudo pode acontecer em menos de trinta minutos. Há quem defina tempos diferentes para os acontecimentos, podendo esse tempo ser mensurado até em alguns poucos segundos. Esta tese baseia-se na possibilidade real de alguma situação extrema provocar estragos irreparáveis em fração de minuto. A queda de um raio em uma metrópole pode ser um exemplo dessa possibilidade de estrago.

Considerar que tudo pode acontecer em menos de trinta minutos não nos induz a viver em pânico, porque precisamos acreditar na lei maior que rege esta situação: alguma coisa só vai acontecer se, inevitavelmente, tiver que acontecer. Também só vai nos atingir se isto for consentido pelo Criador. Isto nos leva à conclusão que os planos não são nossos, embora possamos trabalhar em função deles ou visando alcançar determinada meta. Os planos são do Criador.

Convém admitir que as pessoas não devem deixar de ter um projeto de vida por causa disso, mas precisam mentalizar positivamente a ideia de que o momento de alguma coisa acontecer não depende de nós. Otimismo, perseverança e determinação são úteis se estiverem contidas no plano Superior, que rege o nosso destino. Compreender isso é ir além da simples observação do fato do momento, olhado de forma isolada e casuística.

Muitas ações estão acontecendo neste exato momento no planeta Terra e também no universo. Imaginar ser possível ter algum controle sobre ações dessa natureza é desprezar a lógica mais simples que há no mundo, que é a total e absoluta impotência humana sobre as coisas naturais e sobrenaturais.

Invocar ajuda Superior é sempre uma boa opção para as pessoas dotadas de fé.

Caminhos alternativos

Há muitos anos eu desejei intensamente conhecer outros caminhos para seguir na vida, mas nada de concreto aconteceu nesse sentido. Não faltaram esforços e iniciativas minhas para esse fim. Cheguei a pedir demissão do emprego que era a minha principal fonte de renda na época, com apenas dois anos de trabalho. Todas aquelas iniciativas resultaram em fracasso e eu resolvi optar por deixar as coisas acontecerem naturalmente.

A ideia de estudar, poucos anos depois, aconteceu por acaso, mas aquele não era um propósito claro para mim. Tive alguma dificuldade no início para entender que as coisas não acontecem da maneira que desejamos e planejamos. Sempre há outros fatores que podem mudar uma rota supostamente definida e desviar o curso natural das coisas.

Foi pensando assim que nunca mais tentei mudar minha rota, porque entendo que tudo já estava estabelecido com antecedência por uma coisa chamada destino ou, se for mais apropriado, missão a cumprir. Não sei exatamente como devo tratar sobre isso, mas o fato é que aconteceu comigo dessa maneira. A partir de então, passei a compreender melhor, aceitar e acreditar que algumas pessoas têm um roteiro de vida a cumprir e elas não devem se lamentar por isso.

Se eu tivesse seguido os caminhos alternativos que surgiram no decorrer dos últimos trinta anos, não posso imaginar hoje o que teria acontecido comigo nessa outra possível trajetória. Esta me parece ser uma questão sutil, pois há quem diga que podemos mudar o rumo das coisas e que isto só depende de nossa luta, persistência e boa vontade. Eu, sinceramente, prefiro acreditar que, sempre que for possível, devemos tentar mudar as coisas, mas que nada é suficiente para que algo de concreto aconteça em curto ou até mesmo em longo prazo, se não tiver o consentimento do Criador.

Admito, todavia, que a zona de conforto não é o melhor lugar para quem tem sonhos e é vocacionado a promover o bem.

Atualmente, minha convicção tem outra percepção: devemos aceitar com resignação aquilo que não podemos ou não conseguimos mudar. Precisamos dar tempo ao tempo para tentar encontrar o melhor caminho alternativo, mas, principalmente, devemos exercitar a tolerância diante das frustrações e agir com pensamento positivo para superar as adversidades do presente.

Inteligência espiritual

A credito que não seria possível eu ter superado todas as dificuldades que surgiram em minha vida se eu não tivesse tido alguma ajuda espiritual. Não lembro como e quando iniciou esse processo de ajuda, mas tenho convicção de que existiu.

Aceitar que somos simples seres mortais de passagem aqui na Terra é um direito daqueles que não conseguem admitir outras maneiras de enxergar a vida. Eu creio que tive e continuo tendo bons motivos para acreditar em ajuda espiritual porque vivenciei essa experiência. Caso contrário, eu teria que me contentar com o mero acaso ou com supostas coincidências da vida. Faço questão de acreditar no plano espiritual que foi reservado para mim, porque tenho muito mais motivos para isto.

Todos os planos que tentei realizar ou materializar foram, ao longo do tempo, descartados de alguma maneira, pois eu não conseguia dar uma sequência a eles. Alguém poderia imaginar que não fui persistente, mas os obstáculos foram imprevisíveis e não havia como eu modificar a sequência dos acontecimentos que resultaram na mudança dos meus planos iniciais.

Devemos compreender também que não é fácil associar a coincidência a vários eventos que acontecem em nossa vida. O primeiro desses eventos, creio eu, é o nascimento. Isto é uma coincidência ou uma dádiva Superior? Como seria possível mudar esse percurso a partir do momento em que uma pessoa nasce e sua vida ganha rumos diferentes?

É claro que tudo que acontece no mundo real é resultado de uma série de fatores conectados.

Em decorrência desse meu modo de ver a vida, durante muitos anos eu acompanhei fatos que aconteceram no Brasil e no mundo. Vários deles foram divulgados pela mídia e quando eu tinha acesso àquelas informações ficava refletindo sobre que lógica poderia explicar aquilo.

Lembro que a minha experiência mais expressiva aconteceu quando eu estava com pouco mais de três anos de casado. Minha esposa sempre gostou de orar e em uma tarde de sexta feira ela estava em oração com sua tia e minha irmã caçula. Eram 18 horas, horário de Brasília e da Ave Maria, para os católicos do Brasil. Eu estava na cozinha preparando alguma refeição rápida e simples, quando em poucos segundos surgiu na sala do nosso apartamento um enorme e intenso feixe de luz azul claro. No primeiro momento fiquei sem ação, mas logo em seguida a luz saiu pela janela e ficamos todos espantados com o que assistimos naquele instante. Nunca obtivemos explicação para aquele acontecimento, mas a partir daquele dia eu passei a ser mais cuidadoso com a minha fé. Comecei a frequentar lugares muito próximos da natureza, fazendo retiro espiritual. Foram muitas sensações e experiências maravilhosas que se sucederam nos anos seguintes.

Atualmente procuro estar sempre em lugares tranquilos, na expectativa de poder me aproximar o máximo possível das boas energias que há no universo. Também passei a frequentar a Igreja Católica com mais assiduidade e descobri que, por algum motivo, comecei a ter muito mais paz interior.

As várias vivências que tive nesses últimos vinte anos me fizeram acreditar, cada vez mais, que não estamos sozinhos e não ficamos desamparados na Terra. Todavia, precisamos cultivar esta crença de forma mais eficaz e verdadeira, possibilitando que aquilo que há de bom em nosso caminho possa alcançar também outras pessoas que desejem evoluir espiritualmente.

Não é fácil distanciar-se de tudo para viver mais perto do que chamamos de bons espíritos, mas se houver um pouco de dedicação é possível alcançar este objetivo.

Todos os meus propósitos atuais, se estiverem nos planos do Criador, passam pela total abdicação de riquezas materiais. Busco, cada vez mais, a harmonia entre o ter e o ser alguém. Acredito ainda que a minha vida será de muita simplicidade daqui por diante. Isto eu já venho planejando há algum tempo, mas percebo que está ficando ainda mais perto o momento de cuidar mais do espírito, conforme seja a vontade do Criador.

Nunca tive vocação para o poder e jamais fiz planos de ser rico e poderoso, embora admita que se um dia eu tiver recursos financeiros além dos que preciso para viver com dignidade, já tenho planos de como distribuir esses recursos da melhor forma possível.

Por fim, exercito diariamente a prática do agradecimento mental. Agradeço pelo dia que se inicia, pela noite que chega e pelo momento em que tenho sono para dormir com tranquilidade.

Desejo continuar assim por muitos anos e, na medida do possível, melhorar muito mais ainda para poder compartilhar com outras pessoas as minhas experiências.

Pensamentos

A mente humana produz milhões de pensamentos o tempo todo, mas geralmente esses pensamentos não são manifestados com clareza ou não são concretizados em forma de ações práticas.

É natural que seja assim, pois nem sempre os pensamentos são frutos de boas intenções e, talvez por esse motivo, muitos deles vivam no imaginário das pessoas.

Produzir e tentar colocar em prática bons pensamentos é um exercício de grande sabedoria e, acima disso, de elevado nível de reflexão sobre tudo que já aconteceu, acontece e poderá acontecer no mundo que vivemos.

Acredito que pensar livre é a maior expressão de liberdade que os seres humanos possuem, mas esse jeito de pensar deve ser direcionado para as boas práticas, afastando-se sempre os maus pensamentos e cultivando-se a ideia de que é possível realizar grandes coisas a partir de pequenos gestos.

Escolhi alguns pensamentos para manifestar minha preocupação com tudo que acredito ser possível melhorar no mundo, mas isto não esgota meu esforço diário por uma ideia sempre construtiva e direcionada para o bem. Acredito que quando direcionamos nosso pensamento para as boas práticas, as energias do universo captam esse sentimento e promovem a difusão dele.

Tolerância

Agora temo que este não seja o momento de tolerar tudo, mas de lutar para que as coisas mudem para melhor. Se este for o caminho, te peço Senhor que me ilumine.

A floresta Amazônica

Se a floresta amazônica não for completamente recuperada e preservada nós seremos, em pouco tempo, lembrados por cometer o maior crime contra as gerações futuras.

Guerras

As guerras sempre foram os maiores desastres para a humanidade. Em nível mundial, se não tivesse acontecido a segunda grande guerra, com todas as mazelas provocadas por ela, não saberíamos exatamente o quanto esses conflitos foram ruins para quem não decidiu ou não escolheu participar deles.

A vida é um truque

Se a vida for apenas um sonho passageiro, que nos fará acordar para nova realidade, precisaremos entender sobre qual é o sentido real da vida aqui na Terra.

Então, não podemos ter vivido tantos pesadelos sem necessidade. Bastaria imaginar que a vida é de fato um truque e nada seria tão sofrido ou tão atormentador.

Imprevisibilidade

Aquilo que não é possível prever com antecedência torna-se imperceptível aos nossos olhos. Isto não causa dor.

Tudo parece ser mais do que absolutamente imprevisível, contudo podemos imaginar e fazer estimativas, se nos for dado o consentimento para isto. A crença dos mais sábios é de que somente os iluminados podem ver antes.

Esta capacidade de antecipar visões, principalmente negativas, é conhecida por premonição. É o pressentimento de que algo de ruim vai acontecer a qualquer momento.

Prepotência

A prepotência é uma atitude irracional e imponderável. Se as pessoas prepotentes soubessem do amanhã não seriam assim.

A prepotência é um gesto típico dos tiranos, que são vistos como soberanos e injustos na forma de governar ou de expressar uma autoridade que é sempre efêmera e transitória. Essa autoridade geralmente é fruto da tirania e se não houvesse sempre uma forte reação contrária a esse comportamento, provavelmente, o mundo estaria muito pior, pois ele estaria sendo governado por injustos.

Clarividência

Se eu soubesse o dia exato da minha morte deixaria todos os meus compromissos e todas as minhas preocupações para a véspera desse dia.

E aí, então, nesse dia, eu desistiria de levar a vida tão a sério e procuraria viver intensamente meu último dia de vida.

Viver o presente

Precisamos viver o presente pensando no futuro, mas não temos absoluta certeza de que esta é a melhor escolha que há, porque o futuro pode não acontecer amanhã.

Se a possibilidade de o amanhã não acontecer é real, então precisamos rever nosso conceito de futuro.

Reflexão final

Admito que eu não sou mais a mesma pessoa que, quando ainda jovem, se rebelava e contestava por quase tudo. Lutei muito por algumas causas perdidas, sonhei com mudanças incertas e desejei viver em um mundo melhor. Todavia, compreendo que quando eu desejei tudo isto não era o tempo adequado para as mudanças e que as coisas só acontecem na hora e no momento certo. Qualquer tentativa fora desse ponto de vista, no meu modo atual de ver o mundo, é apenas uma luta ou uma batalha a mais, porém sem efeito prático.

Entendo também que, mesmo não sendo a hora de se fazer algo, é preciso que se tente fazer, até porque não saberemos qual é o momento certo de realizar sonhos. Porém, devemos verificar o que vai acontecer a partir de nossas boas atitudes.

Os diversos movimentos que assisti, em várias partes do mundo, por meio das mídias eletrônicas e de textos escritos, foram suficientes para me convencer de que tudo é como tem que ser. A partir desse firme pensamento comecei a encontrar algumas respostas para muitas inquietações e incertezas que eu ainda possuía, mas a leitura bíblica me esclareceu vários pontos.

Atualmente dedico alguns momentos do dia para ler e conhecer melhor o evangelho. Aprendi também a orar, de forma disciplinada, para que tudo seja feito de acordo com a vontade do Criador e não em função de meus projetos pessoais.

Recomendo, para quem desejar, ler o livro de Eclesiastes, capítulo 3. Lá estão algumas respostas para nossas aflições diárias e, talvez, a explicação que precisamos para compreender porque nada aconteceu do jeito que gostaríamos que tivesse acontecido.

Não devemos ter receio de professar fé, pois só por meio desse sentimento poderemos nos proteger e nos redimir de tudo.

Se, afinal, seguíssemos pelo menos dez por cento daquilo que Jesus nos orientou em suas pregações, o mundo certamente seria muito melhor. Mas continua a prevalecer a máxima de que o tempo ainda não chegou e a obra precisa e vai ser acabada um dia.

Pequeno glossário informal

Advir

Ocorrer depois, acontecer por acidente ou por consequência de um procedimento anterior.

Afetiva

Que diz respeito a afeto, afetividade. A pessoa afetiva é disposta ao sentimento de carinho e de amor. O sentimento inverso é o desafeto, que corresponde ao desagrado, sem carinho e sem consideração. No âmbito das relações pessoais conflituosas considera-se desafeto alguém que é rival ou oposicionista a outra pessoa do mesmo grupo ou de um grupo diferente.

Atitude

Iniciativa para tomar decisão em momentos de grande imprevisibilidade ou de incertezas. Considera-se uma pessoa de atitude aquela que não fica abatida diante de uma crise, por exemplo, ou não se desanima com uma derrota inicial.

Burocrático

Que segue padrões rigorosos de conduta no âmbito das relações formais e informais. Alguém que prefere a formalidade em tudo, principalmente nas relações de negócios.

Catequizar

O sentido mais usual diz respeito à influência religiosa sobre pessoas ou sobre determinados grupos. Na história do Brasil admite-se que os índios foram catequizados pelos colonizadores portugueses que descobriram o país.

Ceticismo

O ponto de vista crítico que, em filosofia, prefere ver para acreditar ou procura examinar detalhadamente cada acontecimento antes de aceitar uma definição conclusiva.

Em religião, diz-se que a pessoa não tem fé naquilo que não é confirmado na prática.

Chek in

Conferencia na entrada de uma informação ou no registro de um documento que permite o ingresso de algo. Na aviação civil é a conferência de dados do passageiro que pretende viajar em um embarque doméstico ou comercial.

Citação

Apresentação de um trecho ou de uma passagem mencionada na obra de um autor.

No âmbito judicial refere-se à notificação de um oficial de justiça dando conhecimento de determinado procedimento a uma das partes envolvidas em algum litígio ou conflito de interesse.

Clarividência

É a capacidade que alguém possui ou diz possuir para ver com clareza determinadas ocorrências. Do ponto de vista religioso, diz-se da pessoa que ver algo além do normal.

Coincidência

Quando dois ou mais eventos acontecem de forma simultânea e sem nenhuma combinação prévia. No conceito de algumas religiões não há eventos coincidentes, mas sim providência tempestivas que ocorrem no mesmo instante.

Controvérsia

Onde há contradição ou divergência no modo de pensar. Ponto de vista duvidoso e que insiste em duas posições diferentes.

Convicção

Diz respeito à certeza de opinião que um indivíduo diz ter. As convicções são tidas como ideologias quando se referem ao aspecto político e social.

Cronometrado

Medido de forma criteriosa e utilizando-se do cronômetro para este fim. O cronômetro é um instrumento que mede o tempo com precisão.

Difusão

Divulgação ampla com um objetivo específico. Forma de espalhar conhecimento ou de tornar bastante conhecido um pensamento.

Dogmatismo

Certeza da verdade com base em convicção própria ou por meio de convencimento de outra pessoa. Ponto de vista que não permite dúvida quanto à veracidade de um fato ou de uma crença.

Embate

Choque de ideia que resulta em confrontação ou na possibilidade de atrito. Antagonismo de pensamento.

Empirismo

Do ponto de vista filosófico é a doutrina que se baseia unicamente na experiência vivida como meio de prova.

No campo da ciência admite-se o empirismo quando ele é utilizado como base de observação para se desenvolver um conceito teórico ou científico.

Enigmático

Algo misterioso e de difícil compreensão aos olhos dos indivíduos que não conseguem interpretar determinados acontecimentos. Uma situação de aparente complicação.

Esotérico

Que foge ao conhecimento ou à interpretação natural das pessoas. Sem explicação para os indivíduos que não lidam com o oculto ou com o invisível aos olhos.

Essência

Aquilo que revela o fato como ele é, independente da forma como ele se apresenta.

Em filosofia, diz-se que a essência do perfume independe do formato do vaso em que ele está contido.

Evidência

Algo que não se questiona, que é notório ou visível a todos da mesma forma.

Em filosofia, diz-se que as evidências superam as aparências.

Executores

Pessoas que executam tarefas ou atividades. Em todas as organizações há pessoas que ordenam e pessoas que fazem o que foi ordenado.

Fatalidade

Os acontecimentos derivam de várias forças que são direcionadas para os fatos. Quando estas forças são inevitáveis elas são tratadas como fatalidade ou força do destino.

Futilidade

Algo sem importância ou de pouco valor. Palavras sem expressão ou sem significado para o momento.

Ileso

Sem nenhuma lesão ou sem ferimentos aparentes. Acidente se consequência grave.

Imaginário

Aquilo que existe apenas na imaginação das pessoas. É um pensamento que pode ser individual ou coletivo.

Imprevidência

Algo que não é previsto com antecedência, que não é planejado.

Em filosofia, diz-se do indivíduo que não é cuidadoso com as coisas que lhe ocorrem e com sua própria vida.

Imprevisível

Algo que não se pode conhecer antecipadamente. Uma situação que não é possível se antecipar o resultado final. Algo indefinido até que se alcance o último acontecimento e a consequente conclusão daquilo que se desenrola.

Imutabilidade

Algo que é imutável, único, verdadeiro. Caminho que não tem outra alternativa.

Em filosofia diz-se de uma situação que não mudaria, qualquer que fosse o atalho ou o caminho a ser utilizado.

Inferir

Pensamento lógico que leva a uma dedução ou a uma conclusão sobre determinado tema.

Infinita

Que não se admite ter fim. Imensidão do universo, do ponto de vista humanista. Aquilo cuja dimensão não se alcança.

Iniciativa

Ideia inicial ou ação inicial. Atitude contrária à passividade que deixa os indivíduos inertes em momentos em que eles necessitam ter ação.

Inquietação

Ansiedade e busca sistemática de respostas e soluções. Pessoas que não conseguem estabelecer limites em suas buscas e não alcançam o equilíbrio emocional em relação aos seus desejos.

Inteligência espiritual

Estado de espírito em que o indivíduo admite que todos os acontecimentos a ele relacionados passam pelo campo espiritual para depois alcançar o campo material.

Capacidade de aceitar as coisas e resignar-se com elas a partir de um pensamento de predestinação, quando algo que tem de acontecer vai acontecer, independente da vontade da pessoa.

Admite-se que as pessoas com inteligência espiritual não sofrem com fatos aparentemente desagradáveis, pois para elas esses acontecimentos fazem parte de um plano Superior.

Intuitivo

Que possui intuição ou que está disposto a ver com antecedência algo que poderá acontecer de imediato ou em futuro próximo. Capacidade de prever um acontecimento.

Mentalizar

Produzir um pensamento continuado sobre determinado objeto ou sobre determinado fato, possibilitando sua visualização, de forma nítida, como se aquilo fosse o real objeto imaginado.

Normativos

Estabelecido por normas ou que produz normas.

Do ponto de vista social, pode ser visto como forma de conduta dos indivíduos de uma mesma sociedade.

Do ponto de vista jurídico, trata-se de atos formais que estabelecem regras de procedimento ou formas de executar determinada lei.

Onipotente

Que tem poderes extraordinários. Aquele que pode tudo sobre o universo. É a característica mais forte do Criador.

Onipresente

Que está presente em todo lugar de forma simultânea. É uma condição excepcional atribuída ao ser Onipotente.

Oração

Gesto de aproximação com um ser superior por meio de pensamentos ou de palavras proferidas em voz baixa.

Diz-se, em religião, que a oração é a forma direta de conversar com Deus. Cada religião tem seu ritual de oração, mas todas buscam o mesmo fim.

Perseverança

Insistir em algo, ter esperança, acreditar muito. Considera-se perseverante a pessoa que não desiste de um objetivo ou de uma meta a ser alcançada.

Persistente

Ato de insistir de forma continuada e intensa em um determinado objetivo.

Em filosofia, diz-se que a persistência pode ser acompanhada de teimosia, enquanto a perseverança é movida por um sentimento de fé e convicção do êxito.

Perspectiva

A percepção de uma pessoa sobre um determinado momento ou sobre um ponto de vista específico. Maneira de analisar e interpretar um fato.

Pesadelo

Sonho desagradável com estranhas sensações de realidade misturada com a percepção de falsa impressão. Momento difícil na vida real de uma pessoa e que interfere no sono, além de se refletir em forma de sonho ruim ou de visão pessimista.

Povoar

No sentido populacional representa encher de povos. No sentido figurativo, significa encher o pensamento de algo que é imaginado em determinado momento.

Premissa

Processo ou tendência de se concluir por dedução. Visão antecipada de situações que podem não acontecer ou que podem ser evitados.

Prepotência

Falsa sensação de superioridade sobre outros indivíduos. Arrogância no comportamento em uma relação hierárquica.

Pressuposto

Ideia de que algo será da maneira imaginada. Sensação de certeza de algo que antes precisa ser testado e comprovado.

Professar

Exercer, praticar ou ter o hábito de divulgar uma crença.

Proliferação

Multiplicação desordenada de seres vivos ou de ideias concebidas por pessoas com pensamentos semelhantes. Rápida expansão de algo positivo ou negativo em determinado ambiente.

Protocolar

Ação de controlar por meio de protocolo. Registro interno ou externo que possibilita identificar o fluxo de uma informação.

Quotidiano

Algo que acontece todos os dias, de maneira pouco variada e de forma sempre previsível. O dia a dia das pessoas.

Redimir

Obter a libertação ou a salvação, reabilitando-se em relação a um erro ou a um pecado cometido. É a opção que alguém pode exercer para arrepender-se de verdade.

Reflexão

Análise comportamental sobre a vida ou sobre um ponto de vista específico. Pensamento racional ou contemplativo sobre algo que provoca comparação e eventual conclusão.

Simbiose

Algo em que há conexão ou é comum nos organismos vivos.

Sossego

Tranquilidade de vida, repouso mental e espiritual. Do ponto de vista filosófico representa a opção por uma vida simples e sem correrias. Descanso físico e mental.

Subsídio

Apoio material, financeiro ou psicológico. Ajuda para determinado objetivo em comum.

Temporário

Que dura um tempo definido. Não permanente.

Teoria

Conjunto de ideias e pensamentos que traduzem um suposto conhecimento sobre determinado assunto, analisado do ponto de vista mais racional e subjetivo. É também resultado de uma forma de pensar baseada em observações ou especulações não comprovadas na prática. Há várias interpretações para o termo, mas ainda não se esgotou o conceito puro de teoria.

Tese

Ideia fixa com o objetivo de convencer. Em princípio esta ideia deve ser respaldada por uma pesquisa consistente e uma defesa pública de sua proposição.

Tirania

Domínio absoluto por meio de uso do poder autoritário. Difere da autoridade formal que tem poder, mas o utiliza de maneira conciliadora ou dentro dos limites da aceitação dos subordinados vinculados a essa autoridade.

Tolerância a frustrações

Capacidade de uma pessoa aceitar, por um período não muito longo, determinada situação de incômodo. Em uma posição de expectativa não correspondida, a tolerância a frustrações possibilita a aceitação do fracasso e sugere que a pessoa irá superar aquela dificuldade em um prazo não muito distante.

Do ponto de vista filosófico, é a capacidade de um indivíduo suportar humilhações e privações que possam decorrer de ações motivadas por uma causa que esse indivíduo considera injusta.

Trajetória

Percurso que foi ou será realizado em um determinado espaço de tempo e com um objetivo a ser alcançado.

Truque

Tática utilizada para se conseguir determinado objetivo. Regra obscura que não permite o conhecimento prévio das ações que serão praticadas e quais os objetivos que foram alcançados.

Vivência

Campo do conhecimento que é fruto da experimentação vivida em algum momento e que, em decorrência disso, resulta no acúmulo de experiência positiva ou negativa. É o mesmo que experiência de vida. Geralmente está associado ao tempo, pois quanto mais tempo de vida o indivíduo tem, supõe-se que ele tem mis vivência.

Vocacionado

Pessoa inspirada e motivada para atuar em determinado campo social ou atividade de trabalho.

Profissionais que fazem escolhas voltadas para sua vocação e não para a possibilidade de sucesso financeiro.

Zona de conforto

Em administração empresarial considera-se zona de conforto a posição mantida por um colaborador que prefere não sair desse lugar. O sentido desse termo é equivalente à acomodação, falta de ânimo para novos desafios, tranquilidade excessiva em relação às necessidades de mudanças.

Na zona de conforto o colaborador tende a resistir a qualquer mudança proposta, pois terá que enfrentar o desconhecido e precisará conviver com desafios. Isso implica dedicar-se mais ao trabalho e às tarefas que lhc são atribuídas.

Extras

Dedico esta parte do livro aos leitores e leitoras que adquiriram o formato impresso (capa comum). Aqui eu disponibilizo seis contos que publiquei com exclusividade na Amazon (KDP), mas que estão disponíveis apenas em e-book.

Os referidos contos estão apresentados em ordem alfabética e alguns são baseados em fatos verídicos.

Boa leitura para todos!

A festa no mar do Rio Vermelho

Naquela manhã de verão Marly acordou mais cedo e foi mergulhar no mar. Salvador recebia muitos turistas durante o carnaval e naquele dia uma multidão de gente andava pelas areias da praia do Rio Vermelho tentando se acomodar em algum lugar para mais tarde ver uma bonita festa. Era mês de fevereiro de 1980 e os visitantes preferiram permanecer na cidade aguardando o carnaval e outros eventos religiosos da Bahia. A maioria dos turistas era do Sudeste do Brasil. Havia estrangeiros, mas em menor proporção.

Quando Marly chegou à praia logo observou que alguns pescadores preparavam seus barcos para enfrentar o mar. Aquele ritual era conhecido, pois era o dia da festa de Iemanjá, respeitada orixá do sexo feminino, considerada uma divindade africana das religiões do Candomblé e da Umbanda. O nome Iemanjá teve origem no idioma Yorubá, traduzido por *"Yèyé omo ejá"*, e tem o significado de Mãe das Águas ou então Rainha do Mar. Diz a lenda que seu corpo é metade gente e a outra metade peixe, dando-lhe o formato de sereia. Sua beleza encanta quem a conhece e muitos dizem que ela protege os pescadores.

Marly não sabia andar de barco. Morava em São João del-Rei, cidade do interior de Minas Gerais, e não conhecia as aventuras dos pescadores da Bahia. Estava passando férias em Salvador e naquele dia teve um intenso e inesperado desejo logo que viu a primeira embarcação ficar pronta para navegar.

- Moço, posso lhe acompanhar? Eu nunca fiz um passeio de barco pelo mar...

O pescador fez um sinal positivo com o dedo polegar da mão direita e eles se foram. Em determinado momento Marly percebeu que havia muitos cestos cheios de flores no fundo da embarcação. Eram balaios de tamanhos variados, todos protegidos por sacos plásticos transparentes. Entre as flores era possível identificar vários frascos de perfumes, principalmente alfazemas.

Durante o trajeto mar adentro o pescador não pronunciou uma só palavra. Observava o movimento das ondas e, com habilidade, evitava aquelas mais fortes. O barco balançava bastante e Marly começou a sentir leve tontura. Falava bem suavemente com o pescador, mas ele parecia não ouvir sua voz. Após o momento em que eles saíram da praia Marly percebeu que já estava em um lugar muito diferente. Avistaram uma pequena ilha e o pescador exclamou:

- Chegamos! Aqui é a Ilha do Medo senhora. Todos que chegam a este local devem fazer uma oferenda a Iemanjá e mergulhar nas águas do mar por cinco minutos para purificar o corpo e a alma...

A Ilha do Medo é uma localidade famosa na Baía de Todos os Santos. Suas lendas são contadas por várias gerações, de pais para filhos. Os pescadores acreditavam que depois de alcançarem aquela ilha eles nunca mais teriam medo de enfrentar o mar em dias de tempestade. Muitos deles morriam porque ficavam apavorados quando estavam em alto mar e começava um temporal. Eles não tinham acesso às informações sobre o tempo e as previsões meteorológicas eram baseadas nas fases da Lua. Quando alguém fazia uma previsão errada a possibilidade de morrer no mar era muito grande.

Marly percebeu que havia um ritual a cumprir e começou a ficar nervosa, pois não entendia nada sobre os mistérios dos mares da Bahia. Percebeu que o pescador estava vestido com camisa e bermuda branca e usava um gorro apertado na cabeça.

O pescador arremessou ao mar os balaios com as flores e em seguida atirou-se também nas águas do oceano. Alguns minutos depois ele apareceu boiando. Tinha batido a cabeça em uma pedra e morreu afogado em poucos instantes. Seu gorro seguia na direção das flores dos balaios.

Marly respirou fundo, fez um gesto de súplica e jogou ao mar mais alguns balaios com flores. Em seguida assumiu o controle do barco e voltou para a praia onde a multidão já estava aglomerada. Antes de partir ela viu a imagem da Rainha do Mar deslizando sobre as águas. Em um local na forma de gruta, ainda na Ilha do Medo, Iemanjá, a Rainha do Mar, sentou-se em uma pedra e sorriu para Marly. Ela estava sinalizando a aceitação dos presentes que acabara de receber. As flores boiavam sobre as águas e fluíam para o canto reservado onde a Rainha do Mar estava sentada.

Marly só foi encontrada dois dias depois. Estava desmaiada dentro do barco e com um colar de pedras azuis preso entre os dedos da mão direita. Seus lábios estavam partidos por causa da exposição ao sol e dos ventos úmidos da brisa salgada do mar.

Antes de retornar para São João del-Rei Marly passou em uma agência de viagens e fez uma reserva para o ano seguinte. A data da festa de Iemanjá era fixa e ela não procurou saber detalhes sobre o dia da semana. A partir daquele episódio Marly vinha todos os anos oferecer flores para Iemanjá no dia 2 de fevereiro.

Cinco anos depois Marly casou-se com um soteropolitano e continuou oferecendo flores para Iemanjá. Um dia ela alugou um barco e levou seu esposo para conhecer a Ilha do Medo. Lá ela procurou o local onde tinha visto Iemanjá pela primeira vez naquele ano que conheceu a Bahia. Breno, seu esposo, estava completamente embriagado quando eles chegaram à ilha. Ela tentou convencê-lo de ir até o lugar onde ela tinha visto Iemanjá. Ele fez um gesto brusco e a empurrou na água. Em seguida o barco afundou.

Marly conseguiu nadar e agarrar-se a uma pedra. Logo depois ela alcançou o barco que estava quase à deriva. Breno desapareceu nas águas da Baía de Todos os Santos.

Era pouco mais de meio-dia quando Marly abandonou o barco na praia do Rio Vermelho. Ela caminhou até a calçada e depois seguiu andando para sua residência.

Passados alguns anos um pescador encontrou um relógio de ouro na barriga de um enorme peixe. A notícia foi muito comentada no bairro do Rio Vermelho, onde Marly continuava morando. Dizem que ela deu um pacote de dinheiro ao pescador pela devolução do relógio de Breno e que no ano seguinte Marly presenteou Iemanjá com a joia.

Marly viveu mais trinta anos, sempre levando flores para sua Deusa. Ela dizia que Olokun, pai de Iemanjá, é quem decide o destino daqueles que entram no mar.

Dálias

Conheci Ebrísio no início da década de setenta. Eu morava com meus pais em uma pequena cidade no interior do sertão da Bahia. Mais de quatro décadas depois ainda lembro da fisionomia dele. Cabelos grisalhos e calvos, olhos castanhos escuros, rosto miúdo e dentes imperfeitos. Seu corpo esquelético sugeria que ele não era uma pessoa saudável. Morava sozinho, no bairro Água Nova, em uma pequena casa e sua companhia era um gato preto.

Não sei exatamente quando tivemos o primeiro diálogo, mas ele gostava de conversar comigo porque eu respeitava os mais velhos e dava atenção a eles. Eu ajudava meu pai em um pequeno armazém de secos e molhados e tinha apenas 16 anos.

Ebrísio chegou um dia muito irritado e pediu-me um copo de conhaque, uma cerveja e algumas salsichas. Este era seu aperitivo preferido. Tomou o conhaque, bebeu um pouco da cerveja e começou a comer salsicha. Eu o observava com curiosidade. Ele era muito educado e introvertido, mas nesse dia queria desabafar alguma coisa.

- Estou bastante chateado com o que está acontecendo nesta cidade. Há quase um mês não faço uma sepultura e todo dinheiro que tenho não dura uma semana.

Eu sabia que Ebrísio era o coveiro da cidade. Trabalhava com um ajudante chamado Pezão, mas todo acerto financeiro era ele quem fazia. A Prefeitura do município mantinha um funcionário no cemitério apenas para cuidar da limpeza geral.

Ebrísio era quem escavava as sepulturas e fazia os enterros com a ajuda de Pezão. Essa atividade lhe rendia mais dinheiro. Naquela época somente os ricos podiam ter túmulo decente. Muitos deles gostavam de mausoléus, espécie de tumba grande com acabamento em mármore. Na fachada principal geralmente lia-se a frase: "jazigo perpétuo de Fulano de Tal e família".

Ebrísio trabalhava poucos dias no mês e raramente ficava ocupado durante os dois turnos do dia. Entretanto, podia ser solicitado a qualquer momento para trabalhar, mesmo que fosse sábado, domingo ou feriado. O que ele reclamava muito era da incerteza da renda, pois só ganhava dinheiro se alguém morresse e fosse enterrado naquele município. A Prefeitura não dispunha de um coveiro de plantão e os comentários eram de que um prefeito teria dito que não pagaria salário para alguém ficar em casa esperando trabalho. A decisão tinha sido tomada há mais de duas décadas porquê de fato morria pouca gente na cidade e o coveiro da época não trabalhava enquanto não morresse uma pessoa na cidade.

Ebrísio cobrava seu preço de acordo com as posses do falecido. Ele apareceu novamente no armazém uma semana depois do dia que comentou sobre suas dificuldades financeiras. Estava com aparência mais alegre e foi objetivo:

- Não vejo a hora de resolver minha situação financeira. O fazendeiro Salvandino está muito mal em casa e espero que esta semana a família dele precise de meu trabalho. Cobrarei um preço alto, pois este homem possui muitas terras.

Fiquei surpreso com a informação de Ebrísio, mas sem dar uma palavra. Ele pediu-me a mesma coisa de sempre: conhaque, cerveja e salsicha. Começou a conversar, porém desta vez falando de uma pessoa por quem estava perdidamente apaixonado. Fiquei ouvindo aquelas declarações sem fazer perguntas. Em certo momento ele parecia um adolescente que fica encantado com a primeira namorada.

A paixão de Ebrísio era Handora, 32 anos, bonita, solteira e filha de conceituada família de classe média da cidade. Havia, naquele tempo, a concepção de que mulheres solteiras com mais de trinta anos jamais casariam. Dizia-se que elas ficavam solteironas para cuidar de sobrinhos.

Handora, sua paixão agora revelada, era muito introvertida. Eu a via passar várias vezes no jardim da praça e ficava observando sua beleza. Uma mistura de ternura, simplicidade e sensualidade.

Ebrísio pretendia conversar com os pais dela quando recebesse o dinheiro da sepultura do velho fazendeiro que estava em casa à beira da morte. Compraria terno branco, sapato novo e chapéu de qualidade. Estaria apresentável para aquela pessoa com quem ele tanto sonhava.

Ebrísio não tinha filhos e também nunca casou. Seu trabalho o deixava distante das pessoas porque ele, de tanto cavar sepulturas, era considerado um homem frio e sem sentimentos. A morte alheia era sua oportunidade para ganhar dinheiro.

Era quase noite quando Ebrísio deixou o estabelecimento visivelmente embriagado. Tinha pedido mais bebidas e salsichas, pois já contava com o dinheiro do funeral do fazendeiro.

No dia seguinte, um domingo, Ebrísio chegou cedo ao armazém. Os sons dos sinos da igreja indicavam a morte de alguém na cidade. O badalar triste soava sempre que alguém morria. Naquele momento percebi forte emoção no semblante de Ebrísio. Ele acreditou que, enfim, concretizaria seu sonho de casar com Handora.

Meu pai chegou poucos instantes depois e anunciou em voz alta que Handora estava morta. Sofrera uma parada cardíaca fulminante.

Naquele momento percebi que a voz de Ebrísio embargou e seus olhos estavam marejados. Ele pagou a conta e saiu sem dizer uma palavra.

Nunca mais encontrei Ebrísio depois da morte de Handora. Quem fez o enterro dela foi Pezão com ajuda do zelador do cemitério. Eu soube que Ebrísio tinha viajado para Salvador à procura de parentes com quem ele ficaria morando. Seu Salvandino, o velho fazendeiro rico, continuou vivo por muitos anos.

Eu não morava mais na cidade quando soube que Ebrísio tinha ficado milionário com um prêmio da loteria federal. Ele mandou fazer um mausoléu para Handora e determinou que fossem plantadas muitas dálias roxas em volta do lugar onde ela estava sepultada. Pagava uma boa quantia por mês para o zelador cuidar daquelas flores diariamente. Também se comentava na cidade que o gato preto passava o dia e a noite no mausoléu de Handora protegendo a eterna amada do seu dono.

Ebrísio morreu dois anos depois e os parentes dele conseguiram enterrá-lo no mausoléu de Handora.

O homem que queria conversar com Deus

O avião começou a ganhar altura e Ramon observava da janela a cidade de São Paulo. Era setembro de 1992. As luzes acesas misturavam-se com o brilho de poucas estrelas que surgiam no céu. Aquele dia era importante na vida daquele nordestino que morou quase vinte anos na maior metrópole brasileira. Ele estava deixando para trás o sonho de sua vida: trabalhar numa grande indústria, conquistar posição social, construir família e viver feliz.

Ramon tivera dias de entusiasmo em São Paulo. Falava-se sobre a solidez da democracia Brasileira e também sobre possível crise na economia do país, mas ele não entendia nada sobre o assunto. Tinha pouco interesse por política e por economia. Gostava era de passear pelas praias do litoral.

Ramon tinha bom emprego e conhecia bem São Paulo. Foram muitos anos trabalhando e estudando, mas tudo pareceu desmoronar em sua vida quando ele recebeu aquele comunicado informando sobre sua demissão. As incertezas na economia e as lutas políticas ainda sacudiam o país de Norte a Sul. Os movimentos sociais e políticos estavam interferindo na vida das empresas. Elas demitiam seus empregados sem explicação.

A viagem de volta para a Bahia tinha um propósito: viver em um lugar tranquilo e ter uma vida sossegada. Ele sempre ouvia falar sobre isso nos cursos que participou sobre chefia e liderança e leu bons livros sobre o assunto.

Quando o avião sumiu entre as nuvens Ramon despediu-se mentalmente de São Paulo:

"Adeus cidade dos sonhos perdidos...".

Ao chegar em Salvador Ramon foi ficar com os seus pais no bairro da Lapinha. No dia seguinte foi à rodoviária e comprou passagem com destino a Palmeiras, pequeno município do interior da Bahia localizado na Chapada Diamantina e distante 445 quilômetros da Capital.

Ramon tinha um novo projeto de vida bem definido a partir daquele momento: esquecer tudo que viu e viveu em São Paulo e viver sua vida em total harmonia com a natureza. Tinha feito uma poupança estratégica para esse fim e sabia que não passaria dificuldade financeira. Recomeçar a vida em um lugar diferente era ter a possibilidade de realizar novos sonhos. Pelo menos foi isso que ele comentou com sua única irmã na noite que chegou de São Paulo. Ela era a interlocutora dele com a família, que já estava acostumada com a ausência do filho mais velho. Quando morava em São Paulo ele mandava notícias por carta apenas no mês de dezembro desejando a todos feliz natal e próspero ano novo. Ao saber que ele tinha retornado para a Bahia e que estava a caminho da Chapada Diamantina seus pais comentaram com amigos:

- Conhecemos bem Ramon. E sabemos que ele está à procura de alguma coisa muito especial para sua vida.

Ramon chegou a Palmeiras no início da manhã de uma sexta-feira e ficou hospedado em uma pousada. Sua presença era pouco percebida naquele lugar porque ele permanecia muito tempo fora da pousada e quando retornava à noite era para dormir. Todos os dias ele saía bem cedo e ia para o Vale do Capão. Certa vez alguém da redondeza comentou que Ramon percorria algumas trilhas durante o dia e ao cair da tarde, principalmente quando o sol se punha, ele parava em um determinado local e ficava contemplando o céu por alguns minutos. O Vale do Capão tinha paisagens exuberantes compostas por grandes cachoeiras e outras belezas que a natureza ostentava. Ramon gostava de andar pelas montanhas do lugar. Do alto daquelas montanhas ele via todas as preciosidades naturais e em seguida fazia um caminho alternativo em busca de outros lugares paradisíacos. Em uma dessas buscas ele descobriu o Silêncio dos Gerais, um lindo paraíso ecológico que fazia qualquer visitante ficar confuso ao ver aquelas lindas e raras paisagens.

O Vale do Capão era o local onde garimpeiros faziam buscas por pedras preciosas no início da década de setenta. As comunidades locais surgiram aos poucos e com o passar dos anos foram identificados vários vestígios de grupos pré-históricos na região. O local mais frequentado por Ramon era o Morro do Pai Inácio. Do alto do seu pico, que fica a mais de 1.100 metros acima do nível do mar, é possível avistar muitos pontos da Chapada Diamantina.

Foi para o Morro do Pai Inácio que Ramon seguiu naquela manhã de primavera de 1992. O pôr do sol, com imagens raras e belas nuvens douradas refletindo os raios solares, atraía visitantes de várias partes do Brasil e do mundo. Conta a lenda que o nome do morro foi em homenagem a um escravo que, em atitude suicida, pulou do pico após ser perseguido por capangas de um coronel. O escravo Inácio tinha se apaixonado pela esposa dele.

Ramon calçou suas botas de lona, pegou seu chapéu de palha e vestiu uma calça jeans desbotada. Sobre a camisa branca de malha ele colocou um blusão de couro do estilo jaqueta e com vários bolsos na frente. Levou também alguns mantimentos e um vaso com água potável para beber. Sua jornada não tinha dia nem hora para terminar.

Era início de noite quando Ramon começou a percorrer uma trilha próxima ao Morro do Pai Inácio. Ele passou parte do dia sentado à beira de um lago azul preparando-se para a grande jornada noturna. Sua mente a todo instante reproduzia aquilo que a imaginação projetava: "tente conversar com Deus rapaz...".

No meio da madrugada Ramon parou um pouco e olhou para o céu. Viu uma luz muito forte que parecia estar próxima dele. Ajoelhou-se e exclamou com fé:

-Senhor, eu estou em tuas mãos!

A luminosidade da luz era tão intensa que Ramon não conseguia enxergar nada em sua volta. Decorridos alguns minutos, que pareceram uma eternidade, ele avistou um caminho todo iluminado. Havia árvores dos dois lados daquele túnel que surgiu na escuridão da noite. Ramon caminhou em direção a uma pequena casa que aparecia lá no fim do túnel. Chegando à casa viu lindo poço na sua frente. Ele relutou em olhar para o fundo daquele poço, mas uma voz disse-lhe:

- Vai, segue em frente. Esta é a única oportunidade de tua vida!

Nunca mais alguém ouviu falar sobre Ramon. Em Palmeiras ele ficou conhecido por o homem que queria conversar com Deus.

O planeta Zen

A viagem ao desconhecido planeta tinha chegado ao fim. Todos estavam cansados, mas o jeito era procurar um lugar para repousar.

Ary foi à frente dos demais companheiros, pois imaginava que faltaria ânimo para alguns. Eram pessoas que queriam conhecer o mais novo planeta descoberto por acaso pela ciência e que os homens na Terra tinham conseguido viabilizar uma viagem interplanetária para saber mais sobre aquele astro. A expedição tinha duração prevista de cinco dias e no retorno todos deveriam trazer alguma amostra daquilo que encontrassem de melhor para o desenvolvimento da vida humana no planeta dos homens.

Ary estava acompanhado de outros biólogos e era o líder do grupo. Ele sabia convencer pessoas sobre prioridades e relevâncias. Tinha concluído o mestrado em ciências biológicas e aquela era a sua primeira imersão em um projeto desafiador e provocativo. A viagem foi um prêmio para o grupo, pois uma grande Instituição, que industrializava remédios para todos os tipos de doenças, bancou os custos. O laboratório Salvar Vidas, bastante conhecido em vários continentes do planeta Terra, estava em busca de novas descobertas e investia muito em pesquisas de desenvolvimento de drogas que fosse menos agressivas aos seres humanos.

Quando os biólogos chegaram ao planeta viram uma cabana de madeira rústica, cravada sobre uma área com pouco mais de duzentos metros, e perceberam que havia muitas plantas ao seu redor. Eram espécies diferentes daquelas que eles conheciam e com altura não superior a um metro. Eles armaram tendas de lonas ao lado da cabana e preparam os utensílios para suas manutenções diárias. Levavam muitos mantimentos industrializados e água potável em vasos de acrílico. Também tinham lanternas, isqueiros, álcool e outros itens de viagem. Dispunham de cobertores de lã e roupas de proteção para eventuais necessidades de última hora. Tinham também armas de fogo e facas amoladas para possíveis combates inesperados. A equipe não tinha informações suficientes sobre a vida naquele Planeta e, na medida do possível, precisavam se precaver de tudo.

Na primeira noite de sono todos dormiram bem. Logo na manhã seguinte partiram cedo para a primeira expedição nas proximidades da tenda. Perceberam que havia muitos rios cristalinos e alguns córregos. Eles estabeleceram um limite de dez quilômetros de distância a percorrer, pois assim ficaria fácil alguém retornar ao ponto de origem em eventual dispersão do grupo. A tenda ficava no ponto mais alto daquela área verde e podia ser avistada à distância, mesmo que fosse à noite. Os pesquisadores colocaram uma lâmpada de mercúrio na parte superior da tenda e essa lâmpada ficou acesa durante todo o período que eles permaneceram naquele lugar. A bateria que levaram tinha carga suficiente para aguentar bastante tempo.

No segundo dia de permanência no local a equipe saiu muito cedo, por volta de quatro horas da manhã, para os pesquisadores observarem o amanhecer do dia naquele lugar. Na hora que acordaram perceberam algo estranho, pois não ouviram canto de pássaros. Em lugares como aquele seria possível ouvir o canto de aves, mesmo quando elas estivessem distantes. A primeira constatação do grupo foi de que ali não havia vida animal. Era um indicador preocupante, pois os biólogos conhecem muito bem a biodiversidade que há quando os seres vivos interagem em um mesmo ambiente.

Ary levava uma filmadora compacta e um gravador de som portátil. Seu interesse era obter o máximo de informações sobre o lugar e, na medida do possível, fazer vários registros que pudessem facilitar novos estudos quando eles retornassem ao planeta Terra.

Foi com muita emoção que o grupo parou em um local reservado, cercado de pedras naturais com um poço de águas claras e cristalinas ao centro, para observar várias anotações ali existentes. Ary começou a fazer algumas tomadas com seus equipamentos de imagem e som. Em determinado momento ele parou, agachou-se e viu palavras escritas em uma pedra grande e larga. O local parecia um mural de anotações que alguém havia feito há algum tempo. A pedra estava com muito limo e Ary filmou tudo que foi possível. Em seguida chamou os integrantes do grupo e disse:

- Estamos diante de uma raridade planetária. Este lugar parece ter sido especialmente reservado por algum terráqueo com o objetivo de preservar a vida de várias espécies de nosso planeta.

Precisamos descobrir o verdadeiro valor dessas plantas, pois assim poderemos levar algumas delas de volta para a Terra.

No instante seguinte Ary ouviu um som intenso e muito agudo. Sem entender muito bem a origem daquilo ele colocou as mãos nos ouvidos e fechou os olhos. O som parou e ao retirar as mãos dos ouvidos Ary ouviu uma voz que disse:

- Não mexam nessas plantas. Elas são as únicas sobreviventes de uma intensa batalha por sobrevivência que aconteceu em um planeta distante do sistema solar. Esse planeta vive momentos críticos e é provável que algo muito grave aconteça nos próximos anos. Os animais desse planeta estão acabando com tudo de bom que há e somente as plantas podem recompor, juntamente com os rios e os mares, a vida animal nesse lugar. De onde essas plantas vieram não há respeito pela natureza e lá existe uma batalha estúpida entre vida animal e vida vegetal. Estas espécies são reservas raras que se reproduzem sem agressão ao meio ambiente e sem serem agredidas pelos animais do distante planeta.

Ary ficou sem fôlego por um instante e olhou para todos do grupo com ar de interrogação.

Em seguida eles se retiraram do local e foram em busca de novas evidências de que naquele pequeno planeta não havia vida animal.

No quinto dia a expedição foi concluída. Ary e outros pesquisadores voltaram à Terra e estão preparando um relatório que será entregue às autoridades dos países desenvolvidos. O relatório terá o título "O planeta Zen" e vai citar tudo que aqueles pesquisadores viram naquele lugar. Terá também relato conclusivo sobre as causas das lutas por sobrevivência no planeta Terra e o reflexo em nossa vida.

O quartel de Amaralina

Jonas era um jovem sonhador que queria melhorar de vida longe de sua terra natal. Soteropolitano, nascido em bairro pobre de Salvador, capital da Bahia, ele pretendia ser artista de rádio. Tinha voz e talento para isto, mas precisava de muita sorte.

No início do ano de 1945, ainda durante a segunda guerra mundial, Jonas viu sua vida tomar novo rumo. Foi convocado para servir ao exército brasileiro. Ele tinha planos de morar no Rio de Janeiro onde a música, a literatura e as artes em geral davam oportunidades às pessoas talentosas do país.

Servir ao exército brasileiro era ótima oportunidade para quem não tinha emprego ou qualquer fonte de renda. Jonas ficava muito tempo pensando como conseguiria juntar algum dinheiro para tentar a sorte no Rio de Janeiro. A cidade maravilhosa era a capital da república e o maior centro cultural do país.

Quando recebeu a comunicação para comparecer ao quartel do exército Jonas teve forte sentimento de medo. Pensou em tudo de pior que poderia lhe acontecer, porque lia notícias nos jornais sobre as atrocidades da guerra. O Brasil apoiava os aliados (Estados Unidos, França, Inglaterra e Rússia) que lutavam na Europa e outras partes do mundo contra os países do eixo (Alemanha, Itália e Japão).

Jonas acreditava que ser artista não combinava com ser soldado. Havia total incompatibilidade entre o que ele pensava sobre a guerra e o seu sonho de fazer música para pessoas que queriam viver em um mundo melhor. Ele comentou com alguns amigos esse sentimento de medo, mas ao mesmo tempo pensava na chance de servir à pátria e voltar reconhecido. Aí teria oportunidade de ser um artista e ainda poderia divulgar suas virtudes de ex-combatente de guerra.

Desde janeiro de 1945 Jonas servia no quartel de Amaralina, em Salvador, e todos os dias pela manhã o navio que o levaria com os demais soldados para os campos de batalha na Europa fazia manobras no mar da Baía de Todos os Santos.

Quando Jonas foi apresentado ao comandante da região militar este lhe perguntou:

- Está disposto a lutar em defesa da pátria soldado?

- Sim senhor comandante!

Aquela foi uma resposta óbvia para o contexto da pergunta.

No dia seguinte ele recebeu farda, equipamentos e foi treinar tiros e golpes de punhal. Havia em sua memória lembranças horríveis da guerra, pois via as manchetes dos poucos jornais da cidade que mostravam o cenário do conflito. Eram imagens em preto e branco, sem qualidade, mas muito chocantes. Ele olhava aquelas páginas e as cenas de luta e matança afloravam sua imaginação.

Todos os dias um navio de guerra fazia manobras nos mares de Salvador. Jonas e outros soldados ficavam tensos pensando na possibilidade de seguirem para a Europa a qualquer momento.

Era uma segunda-feira, início da manhã, quando o comandante ordenou que o navio partisse para além das águas da Baía de Todos os Santos. A embarcação nunca tinha saído dos limites daquelas águas e naquele dia poderia acontecer o início de uma viagem sem volta para todos. Muitos soldados começaram a passar mal. Jonas olhava para eles e mantinha controle sobre sua dor no estômago. Era um movimento que ele não conseguia distinguir a diferença entre enjoo e tontura, mas precisava fingir que estava tudo bem.

Após mais de duas horas de navegação nas águas da Baía de Todos os Santos teve início uma cena que Jonas jamais imaginara: já em alto mar, vários soldados pularam do navio e foram levados pelas fortes ondas do oceano Atlântico. Alguns estavam afogando-se e outros nadavam desesperadamente nas turbulentas águas do mar.

Jonas ficou pensativo. Lembrou-se de uma frase que seu pai lhe dissera certo dia:

- Filho, todo homem precisa ter medo em algum momento da vida. Isto pode ser uma grande virtude quando esse temor for justificável.

- Ter medo não é covardia pai? É o que as pessoas dizem por aí...

- Não filho. O medo pode ser um grande ato de coragem. Não considere o que outras pessoas pensam e dizem. Avalie sempre o momento e as possibilidades de sobrevivência. Jamais seja um herói sem causa e sem esperança.

Depois de pensar muito sobre os afogamentos que estavam acontecendo e vendo a preocupação do comandante do navio com a possibilidade de muitos soldados pularem ao mar, Jonas foi ao encontro dele e falou em voz alta:

- Estou disposto a lutar até morrer senhor comandante. Não desertarei jamais durante as batalhas que iremos travar!

Jonas voltou para seu assento e ficou pensativo contemplando o mar. Alguns minutos depois percebeu que o navio estava retornando ao ponto de partida e vários salva-vidas tinham sido lançados ao mar para resgatar os soldados desertores.

Chegando ao quartel de Amaralina todos foram para o pavilhão onde outras autoridades em terra os aguardavam. O comandante da região iniciou sua fala lamentando a morte de alguns desertores que não foram salvos e fez algumas considerações sobre os acontecimentos daquele dia. Em seguida ordenou a prisão dos soldados que foram capturados, voltou-se para Jonas e falou em voz alta:

- Você, Jonas, herói desta guerra insana, será promovido e terá posição de destaque nesta corporação. Devo informar-lhe, todavia, que o retorno a este quartel decorreu de ordem superior do Ministro da Guerra que recebera um comunicado informando que o conflito iria acabar nos próximos dias.

Jonas olhou para o mar de Amaralina e pensou que aquele título não era justo para ele. Tinha permanecido no navio porque não sabia nadar e, entre morrer afogado, como desertor covarde, e tentar voltar vivo da guerra ele preferiu a segunda opção. Lembrou-se que era desse medo que seu pai falava. Entre a quase certeza da morte naquele dia e a aventura de mais alguns dias lutando na guerra era melhor lutar para viver.

Poucos dias depois os países do eixo foram derrotados pelos aliados e a guerra chegou ao fim.

Jonas deixou o exército em 1946, mas não saiu da cidade de Salvador. Virou boêmio e passou cantar na noite, nos bares de Amaralina. Casou-se com Augusta. O casal teve três filhos e **Jonas** ensinou a eles suas lições sobre o medo.

Tudo que fiz foi por amor

Aldo era o homem mais rico daquela próspera cidade do sertão da Bahia. Ele tinha um armazém de secos e molhados, herdado de seu pai, que em pouco tempo progrediu muito.

Dedicado ao seu negócio, **Aldo** era bastante discreto e não gostava de participar de eventos sociais. Mesmo assim possuía prestígio na cidade, pois seu comportamento era considerado exemplar.

Aldo viajava nos finais de semana para visitar clientes nas cidades próximas. Em uma dessas viagens foi recebido por Pedroso, um pacato comerciante que morava em um povoado conhecido por Pedra Larga.

Enquanto almoçava com Pedroso Aldo observava com atenção a filha única do anfitrião. Era uma garota com pouco mais de dezesseis anos, cabelos longos, olhos claros bonitos e um corpo exuberante.

Eles tinham acabado de almoçar quando Aldo, de maneira objetiva, perguntou a Pedroso:

- Você não gostaria que sua filha fosse estudar em Salvador? Ela parece gostar de ler, pois vejo muitos livros na estante. Vai deixá-la aqui sem nenhuma chance de prosperar na vida?

Pedroso olhou discretamente para a esposa e em seguida para Anabela. Alguns instantes depois ele disse:

- Conversaremos mais tarde sobre isso.

Dois meses depois Aldo retornou à residência de Pedroso. Entregou-lhe as chaves do apartamento que possuía em Salvador e ofereceu ajuda para cobrir os gastos de estadia da garota. Justificou que o imóvel estava vazio há muito tempo e por isso Anabela podia usufruir dele sem nenhum custo.

No início do ano seguinte Anabela já estava morando em Salvador no apartamento de Aldo. Seis anos depois Anabela concluiu o curso superior em psicologia. Tinha só 23 anos e durante o período que permaneceu em Salvador todos os seus gastos foram custeados por Aldo. Ele dizia que sua benevolência com ela era decorrente da amizade dele com Pedroso.

Aldo nunca visitou Anabela durante o período em que ela ficou estudando em Salvador. Também não foi à formatura dela.

Certo dia Anabela recebeu a visita inesperada de Aldo. A conversa foi bastante objetiva:

- Você não deseja voltar a morar no interior?

A jovem, que pareceu não entender muito bem a pergunta, respondeu:

- Talvez, desde que eu tenha como trabalhar na profissão que escolhi. Mas nunca deixarei de ser grata a você pelo grande favor que fez ao meu pai permitindo que eu ficasse todos esses anos em seu imóvel sem pagar nada.

Aldo olhou a rua e voltando-se para ela falou:

- Sempre vi em você uma pessoa capaz de ser vitoriosa. Tenho 55 anos e já conquistei o que pude na vida. Você tem 23 e quer correr atrás de tudo para ter uma vida tranquila. Você teria que trabalhar muitos anos para conseguir isso...

Anabela ficou olhando para um quadro da sala e Aldo continuou:

- E se você tivesse tudo isso a partir de agora? Bastaria casar comigo... nunca fui apaixonado por alguém e você seria a primeira pessoa por quem eu acredito que me apaixonei.

Anabela não gostava de Salvador. Sentia-se sozinha e longe da tranquilidade do interior, mas demorou um pouco para entender a proposta de Aldo.

Aldo e Anabela casaram-se na primavera de 1970. Foi uma festa esplendorosa. A cidade inteira foi assistir aquele matrimônio. Todos comentavam a beleza da noiva e a fartura de comidas e bebidas que foram oferecidas.

Após cinco anos de relacionamento, Aldo e Anabela estavam separados. Ela saiu da confortável casa em que viviam e deixou com o pai a filha do casal. A criança tinha três anos e contava com duas babás para cuidar dela e de seus numerosos brinquedos.

Anabela foi morar em uma cidade distante também no interior da Bahia. Alguns anos depois seus pais descobriram que ela estava vivendo com um homem de sua idade e que eles levavam vida simples. Ambos trabalhavam bastante para sustentar a casa. Não tinham filhos e não pretendiam ter.

Aldo casou-se com outra mulher jovem e bonita. Teve mais dois filhos com a nova esposa. Ele conseguiu anular seu casamento com Anabela depois de apresentar provas testemunhais afirmando que ela tinha um amante. O suspeito era o motorista que Aldo contratou para levá-la aos lugares quando ela precisasse passear ou desejasse viajar para qualquer outra cidade. Um dia Anabela e o motorista foram vistos em um hotel da orla de Salvador. Ela jurava que o motorista não era seu amante, mas ninguém da cidade jamais acreditou em suas palavras.

Os pais de Anabela viviam sozinhos na pequena casa em que moravam. Certo dia eles receberam uma carta da filha que dizia o seguinte:

"Queridos pais, a calúnia é o maior mal que há no mundo. Passei cinco anos na companhia de Aldo e não aprendi nada sobre o amor. Nosso casamento foi uma brincadeira que não deu certo. Vivi a experiência de me sentir sozinha e de ter bens sem poder usufruir deles. Tive sonhos, mas não pude compartilhá-los com alguém. Hoje sou uma pessoa feliz. Vivo com pouco dinheiro, em uma casa sem conforto, mas minha alma canta. Aprendi a perdoar e oro muito para que o Senhor me perdoe também. O que eu mais queria da vida era ser feliz no amor, porém fiz o que não devia ter feito. Acreditei que poderia inventar a paixão e comprar a felicidade. Aldo ofereceu-me um jardim sem flores e eu levei um jarro sem água para colher as rosas que não existiam. Hoje estou ao lado da pessoa que amo. Sinto falta de Graça, minha filha querida, mas ela vai saber um dia que tudo que fiz foi por amor e para não privá-la de seu bem-estar e nem me privar de amar e ser amada. Mando beijos para vocês e perdoem-me por aquilo que eu não quis que acontecesse, mas aconteceu para que eu descobrisse o verdadeiro sentido do amor. A pessoa da minha vida não é o meu ex-motorista. Eu nunca tive relacionamento amoroso com ele e jamais traí Aldo. "

Aldo morreu três anos depois que soube da carta que Anabela enviou para os pais dela. As pessoas da cidade não acreditavam no conteúdo da mensagem.

No início da década de oitenta, dia da festa da lavagem do Bonfim, alguém comentara com amigos que tinha visto Anabela em Salvador. Disse que ela estava com aparência desgastada, mas estampava lindo sorriso e olhar de felicidade.

Sobre o autor

Edson Oliveira dos Santos é contador, escritor e professor, com especialização em metodologia do ensino superior.

É autor de vários artigos, livros e contos publicados no Brasil e membro da Academia Brasileira de Ciências Contábeis (ABRACICON).

www.ingramcontent.com/pod-product-compliance
Lightning Source LLC
Chambersburg PA
CBHW020508290526
45786CB00002B/516